敬畏当道

一个以价值观驱动企业发展的中国样本

中国样本工作室 / 著

中国商务出版社
CHINA COMMERCE AND TRADE PRESS

图书在版编目（CIP）数据

敬畏当道：一个以价值观驱动企业发展的中国样本 /
中国样本工作室著 . —— 北京：中国商务出版社，
2017.11

　　ISBN 978-7-5103-2151-1

　　Ⅰ.①敬… Ⅱ.①中… Ⅲ.①民营企业—企业发展—
研究—中国 Ⅳ.① F279.245

　　中国版本图书馆 CIP 数据核字 (2017) 第 274148 号

敬畏当道： 一个以价值观驱动企业发展的中国样本
JINWEI DANGDAO: YIGE YI JIAZHIGUAN QUDONG QIYE FAZHAN DE ZHONGGUO YANGBEN

中国样本工作室　著

出　　　版：中国商务出版社
地　　　址：北京市东城区安定门外大街东后巷 28 号　邮　编：100710
责任部门：国际经济与贸易事业部（010-64269744　gjjm@cctpress.com）
责任编辑：张高平

总 发 行：中国商务出版社发行部（010-64266119　64515150）
网　　　址：http://www.cctpress.com
邮　　　箱：cctp@cctpress.com

印　　　刷：北京市文林印务有限公司
开　　　本：787 毫米 × 980 毫米　1/16
印　　　张：13　　　　　　　　　字　数：256 千字
版　　　次：2017 年 11 月第 1 版　印　次：2017 年 11 月第 1 次印刷
书　　　号：ISBN 978-7-5103-2151-1
定　　　价：36.00 元

| 目录 | 第1章

以敬畏激活人的力量 /001

激活人的欲望与梦想，是每个企业的基础使命。

一群平凡的人聚在一起做出一件不平凡的事，这是企业作为一个组织最基本的内涵。

如何把一群不同地域、不同文化、不同理想的人凝聚在一起为一个目标前行，这是一个企业家的基本功。

人是企业的核心，价值观是人的核心，践行则是价值观的核心。敬畏文化最大的作用，就是要激活人的力量，让每一个人都能迸发出超乎常规的能量。

八一建军节 /003

就在这一天，在西安天域凯莱大酒店，迎来了15位"不速之客"，他们面色庄重，但又不时流露出抑制不住的兴奋。这是一群刚刚在北京打了一场小胜仗的"骄傲的人"……

会议上的三项战略决策 /004

在会议上，创始人很系统、很客观地对团队的过去和现状做了深刻的分析，不断地提醒所有参会人员，与理想相比他们的思维、能力、水平和素质是不匹配的，认清这些问题才更有助于快速发展。

仅有的8 000元装修高管公寓 /006

这时候，也不知道是谁开始小声啜泣，这种情绪迅速在会议室传播和蔓延，大家深深地为能身在这样一个温暖的集体而感到开心。

企＝人+价值观 /007

任何一个组织，最重要的就是人，所以"企"字才会"人在上"；都知道人是核心要素，但怎么调动和激发"人"呢？"企"字又告诉了我们答案，"止"，"知止"，即知道什么该做什么不该做，也就是价值观的意思。

黑西服绿领带 —— 你的形象价值百万 /008

"你的形象价值百万"；"别人可以看不起你，但你自己一定要看得起自己"；"是不是不重要，像不像很重要"；"在初次交往时，别人没有时间和耐心了解你的内容，只能先通过你的形象来做个结论"。

"我们要学习华为" /010

叫"望梅止渴"也罢，叫"洗脑"也好，对草根创业者而言，必须经历这么一段激发野心与欲望的阶段，否则，在艰苦的创业初期，靠什么支撑下去呢？

I

歇歇吧

孩子上周回来说公司要出一本书——《敬畏当道》，这本书对大家都很重要，就安排我们代表家长们写个序言，这个事情还真把我们难住了。

说实话，我们老两口也不知道这本书到底意味着什么，但是我们能感受到这本书在孩子心目中的分量。我们老两口商量了好长时间，也充分征求了儿媳妇的意见，最终决定由儿媳妇来录音，最后终于完成了孩子交代的任务。一辈子没写过这些东西，希望大家多多包涵。

从孩子二十八岁到四十岁，从他带着3 000块回西安创业，我们一直就生活在一起。说实话，我们这辈子没敢想在西安生活，在来西安之前从未想过这一辈子能在城里养老，并且也过上了我们不敢想的生活，孩子也从未打算让我们再回农村。

我这个孩子从小秉性刚强，性格上从不认输，他自己认准的事情就必须干成。

孩子刚来西安的时候真是艰难，吃饭都困难。但是，孩子还是让我们老两口来了西安，孩子的意思就是怎么着也比在农村强，至少有病了还能及时看。从开始吃饭都困难，到一家二十多口人都落户到西安，我们连想都没敢想。那是我们一家人几辈子都不敢想的生活，孩子们都有了自己的房子，都有了自己的事情干。在安顿好一大家子的生活后，我们都以为孩子就消停了，该有的都有了，几代人都是种地的，有今天的生活还想怎么着。

我们都认为孩子该歇歇了，但是孩子最终还是选择处理好西安的生意后去北京。他说自己有更大的事情要做，这一去就是三年，每月能回来一次。说实话，很多事情我们不理解，我们总是觉得够吃就行了，天下的钱咱挣不完。

孩子在北京工作了三年，回来后就开始折腾绞股蓝，这次折腾的到今天我们都不敢想，该卖的都卖了，该借的都借了，自己投了几千万。他身体又不好，从回西安这些年，没见他有过周末。自从做了绞股蓝更是如此，没黑没白，尽管压力很大，但看见孩子精神越来越好，我们觉得孩子的苦可能要熬出头。所以，当孩子告诉我们写点东西时，我和他妈说："孩子终于还是熬过来了，要不他不会让咱老两口露脸的。"

按照孩子的说法，做人要有父母心。所以公司的年会我们年年都参加，自从 2014 年会后，我就和老伴商量，现在孩子干的事情已经变了，已经不为挣钱了，他要给自己一个交代。从这个年会后，我们所有的埋怨和不理解都没了，除了支持就是支持，尽最大能力帮他带好孩子，早上尽可能做些他愿意吃的。期间卖我们的房子，孩子还担心我们压力大，说实话那时候我们确实有压力，毕竟房子都卖完了，孩子连给我们存的养老金都花了。但是我们知道孩子一定能把这个事情干成，因为这些年我们太知道他的心劲了。

从北京回来，这一干就是四年。听说孩子也搬了办公室，应该是度过最难熬的时候了，希望孩子越来越好吧。我们作为父母的在城里生活，说实话一定要多体谅孩子，这个社会变化太快了，孩子都不容易，在城里能有个基本稳定的生活真是不容易。

我和老伴没啥要求，只是希望公司走上正轨后，孩子能多休息，每天回来早一些。回来倒不是陪我们，毕竟辛苦这么多年了，是机器也扛不住。我们做父母的，都希望孩子能圆了自己的心愿，都希望孩子能心想事成。

我和孩子他妈这一辈子知足了，孩子也辛苦了。

最后，还是要谢谢大家对孩子工作的支持与理解，我这个孩子脾气不好，请大家多包容他吧。就说这么多吧，也不知道说的对不对，合适不合适，希望大家多包涵。

谢周子

创始成员家属代表

2017 年 9 月 12 日

让绞股蓝造福人类

快九十岁了，做了一辈子研究，但是作序还是第一次。就凭借这些年轻人的事业心和责任感，我还是非常认真地对待这件事情。研究了一辈子绞股蓝，对平利绞股蓝有深厚的感情，我的毕生夙愿就是让全国乃至全球的老百姓通过饮用绞股蓝茶改善生活质量、提高生命质量、获得健康与长寿。

"让绞股蓝造福人类"，这是时任国务委员、国务院秘书长陈俊生为绞股蓝的题词，他在平利县全面考察和亲身体验了绞股蓝之后，激动万分，当即为绞股蓝题词，并勉励我们，一定要把这么好的东西做好。据我所知，这也是国家领导人唯一一次为一个植物题词。

我从1984年开始研究绞股蓝，先后经历了野生资源普查、野生品种驯化、人工丰产栽培、绞股蓝有效成分检测、不同品种细胞染色体检验、杂交育种、系列产品开发、绞股蓝产业化建设等实验和研究工作。

三十多年的研究，我主要取得三方面成果。一是经过野生绞股蓝的人工驯化，创造了亩产518公斤的纪录。二是解决了人工丰产栽培的规范化、标准化、专业化和产业化进程中的一系列问题，使绞股蓝走向了产业化发展之路。三是和其他专家和教授联合攻关，共培育出1个2倍体、1个3倍体、9

个4倍体的绞股蓝新品系。

越对绞股蓝进行研究，越发现绞股蓝是个好东西。近三十年来，全世界兴起了绞股蓝研究热，绞股蓝逐渐被世人认可。非常巧合的是，**绞股蓝的功效与当下富贵病、生活方式病非常吻合，比如失眠、便秘、高血脂、高血压、糖尿病、心脑血管疾病、癌症等。绞股蓝是绿色天然植物，这与当下预防和治疗领域追求的安全、无副作用不谋而合。**包括我自己在内的很多医药及科技同行通过研究证实，绞股蓝对上述健康问题的解决效果确实优于很多现有的预防及治疗方案。

由于绞股蓝不断研究出很多新成果，这也让国家下定决心扶持绞股蓝产业的发展。

1986年，原国家科委将绞股蓝列为"待开发的名贵中药材首位"，其巨大的价值被国家认可。

2001年，国家林业局将绞股蓝列为国家重点保护植物。

2002年，原国家卫生部将绞股蓝列入保健食品目录，明确规定最佳食用形式（必须以绞股蓝袋泡茶形态饮用）和生产制作标准，从国家层面肯定了绞股蓝的养生保健功能。

2014年，因为研究绞股蓝的付出和努力，我被中央电视台和农业部授予"中国农业科技人物"、"大地之子"的荣誉称号。

荣誉我看得很淡，让更多的人认识绞股蓝并能饮用上绞股蓝茶，让绞股蓝造福人类，才是我最大的夙愿。

以陕西安康平利县为核心地带的秦巴山区区域，被国际上公认为"绞股蓝的黄金产区"，这个区域出产的绞股蓝，经绞股蓝之父、日本药用植物研究所所长竹本常松教授领衔的团队鉴定，各项理化指标全球最优。所以，这片区域也被命名为"绞谷"，和美国的"硅谷"盛产高科技公司一样，"绞谷"代表着出产最好绞股蓝的地方。

这么多年我一直有个遗憾，绞股蓝产业化一直裹足不前，核心原因就是一直没有一家龙头企业来牵头大力气在市场上推广绞股蓝。2013年，谢总找到我，说要做绞股蓝，说要创一个世界品牌出来。因为在此之前，也有很多人找到我，信誓旦旦地说要大干，结果后来都不见人影了。所以我就没答应，结果他们先后找了我不下十次，我感觉这回终于碰到一个真正干事的，我就出任了公司的首席技术专家，我这一生所学总算有了用武之地。

世界绞谷这几年的发展也证明了我当初的选择是正确的，销量越来越大，品牌名气越来越响，不仅仅造福了越来越多的老百姓，让大家越来越健康，更是带动了平利县的绞股蓝产业化发展，带动了十几万的绞股蓝茶农的脱贫致富。

如今，我希望能继续发挥余热，在技术和质量上为世界绞谷保驾护航，大力推动绞股蓝产业，让绞股蓝更多地造福人类！

徐家振

中国绞股蓝之父

中国农业科技人物、大地之子

世界绞谷首席技术专家

2017 年 9 月 1 日

觉行原点

在我辞去上市公司高管职务之前，我只见过一个人是把生命放到事业里的；在我于千禧年创建的、蜚声业界的策划公司蜥蜴团队之后，我只见过一个人是把生命放到事业里的。前一个人是当年我的老板，他曾登上中国福布斯富豪榜前 30 榜单。后一个人就是我现在的战略伙伴谢总，他雄心勃勃地宣告要创建一个千亿级大盘。

一个有雄心者，要投身于事业，需要 ALL IN，需要把灵魂、身体、时间与全部家当押上。但我并不把这理解为拼搏，我把这解读为修炼，因为以价值观驱动企业发展的模型本质上就是参与者的修行之路。

"所谓价值，只是你挑选的意义"，作为一个存在主义者，我信奉诺贝尔奖得主萨特先生的哲学。人的过去是可以改变的，这取决于他的当下。

在这个世界上，如果说上帝的力量是巨大的，那么有两件事情必然是由上帝决定的，一个是所有人都会死去，另一个是所有公司都会倒闭。但对于一个奋斗者，死亡和失败并不是最重要的，重要的是我们能够留下什么？能否向死而生？能否以终为始？

而对于人生，有三关是每一个人都要过的，一个是名关，一个是利关，一个是色关。闯得过去，如同鲤鱼跃龙门，登堂入室；闯不过去，仿佛三打白骨精，打回原形。

对于如今的人类来说，我们谈智慧谈的不是少了，而是太多了。否则，就会轻重倒置。儒家说"仁义礼智信"，首先要领悟"仁义礼"；释家说"布施、持戒、忍辱、精进、禅定、智慧"，首先还是先清晰一下六度法门的含义吧；道家说"自知者明，知人者智"，还是先明白明白自己是谁吧。

在《圣经》中，耶稣临刑前说："原谅他们吧，他们不知道自己在做什么。"谅解他人，并应允一个更好的自己。重建所有的关系，让自己充满喜悦、有爱、负责任地活现其中，这才是我们所要多思考的。

当我们年少时离家出走，快意恩仇，闯荡江湖，漂泊世界，甚至耍流氓；到了中年时，我们似乎明了"知者无惑，仁者无忧，勇者无惧"；到了晚年时我们能否觉悟，这时的人生只有两条路，一条回家，一条出家。几时才能发现，这两条路其实有着共同的方向，那就是灵魂的栖息地！

对人感恩、对事认真的盖茨先生（这是谢总当年在蜥蜴团队时起的名字，今天我依然如此称呼，无比的亲切），手握两大利器，一个是做人的价值观，一个是做事的方法论，敬畏当道，使命必达！

当企业发展战略及企划的重心从功能概念、营销到品牌、模式，再上升到价值观与族群，这对应的不仅仅是从交易时代到关系时代的"消费升级"，而且，对应的还有从产品的满意感转为精神层面满足感的"需求升级"。在这条路上，我们所要做的就是要一直领先于同行，不落于时代。

从当年上海双钱公寓的蜥蜴团队，到2010年我和盖茨先生等几个老蜥蜴人共创美丽岛视光科技——专注于多焦点眼镜在中国的普及，再到今天的华誓控股及旗下的世界绞谷都是我们的事业原点，人生原点，觉行原点！

是为序。

何丰源
世界绞谷首席战略顾问
析易国际创始人、风险投资人、艺术赞助人
2017年9月19日

与世界绞谷一起走向世界

自 2013 年 8 月 1 日算起，世界绞谷已走过四年的历程。

按照 PayPal 创始人、硅谷投资家彼得·蒂尔的话说，这是一个从 0 到 1 的过程，是一个品牌、一个公司、一个体系从无到有、从想法到实践的过程，是一群人挥洒理想、青春与热血谱写一段艰难创业的历程，更是千千万万中国民营企业奋斗的缩影。

据全国工商联发布的数据显示，中国民营企业的平均寿命是 2.9 年，所幸，世界绞谷坚持了下来。

在这四年里，我们千方百计、千辛万苦拿到了全国仅有三张、绞股蓝黄金产区唯一一张绞股蓝茶的保健食品批文，拿到了产品出海的"船票"。

在这四年里，我们风餐露宿、披星戴月在绞股蓝黄金产区——陕西安康平利县，一步步摸索着建设绞股蓝基地，以全产业链架构让事业真正落地生根。

在这四年里，依据市场反馈不断试错、不断优化，从"价值让渡"到"以主流成主流"，世界绞谷逐步清晰和完善了自己的营销模型。

在这四年里，投资预算严重超支，直接现金投资已超 5 000 万，卖房子、卖地、借高利贷，在钢丝绳上跳舞，终于熬了过来。

企业的发展壮大本质上是一群人不断觉悟、蜕变、付出和分享的过程。人是一切的核心。世界绞谷的成长史就是团队的成长史，世界绞谷的壮大过程就是团队的强大过程，世界绞谷的成功过程就是团队的成熟过程。

在这四年里，世界绞谷依据"一个企业的发展壮大是伴随着人的价值论的放大和事的方法论的完善"的《华誓控股基本法》总纲领，逐步探索出一套属于自己的企业发展模型。

我们首先确立了"以文化及价值观驱动"的企业发展理念，本着"先道后术"、"先难后易"的死磕精神，塑造以"敬畏"为根脉的六大核心价值观，从文化和价值观认同上打造了一支过硬的团队，真正放大了人的价值，激发了人的能量。

其次，从顶层设计出发，我们确定了"全员持股"的多级分红制度，真正做到了"凡是您看到的绿领带都是世界绞谷的股东"的成就，并以此在体系内推动"人人都是创始人"的分享文化和精英人才战略，全面实践"精英治企"的发展道路。

最后，通过推行范贡书院及市场实践，不断完善事的方法论，通过"以主流成主流"的品牌模型，全面践行"价值让渡"、"更多利益相关者"以及"中枢模型"等紧贴企业现状和市场实际的具体方法，并通过时刻以"七度复盘方法论"来对方法进行修正和精进。

如今，绞谷茶以"清积"为特色的"茶饮养生"品类，已逐步被广大的消费者和各大连锁店所接受，成为老百姓追捧的养生茶，成为各大连锁越来越倚重的增量、增利、增会员和增黏性的热门品类。产品上市第三年，销售额破两亿，在实体经济凋零的今天，创造了一个不大不小的奇迹。

国内包括国大、大参林、老百姓、众友健康、桐君阁等在内的百强医药零售连锁争相合作，世界绞谷成为各大连锁的战略合作伙伴，产品成为各连锁千万级非药战略增量爆品，陆续成为各连锁的保健品单品销售冠军及全品类销售前十强。

最为重要的是，世界绞谷的企业文化及精英团队，在业界树立了良好的口碑，成为中国大健康产业和医药行业一支备受尊重的新兴力量。

早在公司创立初期，我们就把品牌口号确定为"世界绞谷，中国国宝"，就是立志创建一个国宝级的品牌、一个世界级的品牌。

创始人是一个胸怀大理想、拥有大格局和富有大意志的人，从他每天坚持 4:59 分起床、撰写千字原创经管文章就可以看出，他是一个不会轻易交代自己的人。

创始人认为，世界绞谷的发展需要物质资本，更需要精神资本，从根本上需要我们守护理想的力量。我们需要一种证明我们活过的经历，我们需要一份温暖自己的回忆，我们更需要见证中国企业精神的诞生，因为我们身处这个伟大的时代。

2012 年，中国人均 GDP 突破 6 000 美元，按照国际经验，到了一个国家批量诞生世界级品牌的历史时刻，美国的可口可乐和英国的立顿可以畅销全球，代表中国源远流长的茶文化和博大精深的中医药文化的绞谷茶为什么不能成为一个世界级品牌？

中国需要绞谷，世界需要绞谷。

张吾忌

联合创始人、营销总裁

2017 年 9 月 15 日

寻找生命的家园

我是一个创业者家属，这些年一路走来，真的对创业所付出的代价太清楚不过了。尤其是这几年先生老得很快，明明不到四十岁的人，却俨然有着五十岁的脸，每每看到还是蛮心酸的。这些天，他对寂灭法师的事情非常感兴趣，这引起我种种的不安和担心，说实话，我还真怕他一走了之。因为我们两个孩子还小，还有老人，我相信先生真的能做出来。先生绝对是一个有种的人，他一旦决定的事情就一定会想尽办法实现。在先生正式拜访寂灭法师之前，有一次他看见阿里巴巴高管鬼脚七出家，就问我："如果我要出家你怎么办？"

这数十年创业下来，尤其是世界绞谷创立的这四年，有时候他身体异常疲惫。每每这个时候，我都知道先生太累，实在是太累了。

现在全国市场已经开始规模启动，先生现在开始变得圆润了，开始会逗人乐了，每每这个时刻我都不知道如何去安慰他，但我一定会找寻答案去理解他。继而，我又翻看了《一个人，和他的爱》，这是春雨医疗创始人张锐的妻子王小宝写在头七的纪念文。之前我已经看过这篇文章，印象特别深刻，我认为小宝把我心里想讲的话全讲了，只不过她的他已阵亡，我的他依然奔波在理想的路上，我是流着泪把这篇文章再一次看完。

这些天我在代表创业者家属为《敬畏当道》写序，这个序缠绕了我很长时间，让我无从下笔，因为太多的情愫埋藏在心底，都不知道该从哪个角度来抒发内心的感受。创业这么多年，创业是什么？我认为创业是为了一种情怀，是对自己人生价值的一种向往。对于我们来说，不断拔高维度，不断行走在创业的路上，经历过不同阶段的辉煌，经历过更大的艰难。这种感受是常人所不能感受的，这种炼狱似的工作和生活状态是别人所无法体会的。因为这是在走一条从来没有人走过的路，走一条异常难走的路。它剥夺了太多生活原本应有的美好时刻，一年365天在家也吃不了几顿饭，每天深更半夜回家，每时每刻都有事。内心的焦虑写在脸上、写在语言和行为上，每天说话说到想吐，多年高血压的身体饱尝着各种疾病困扰。没有一天是安宁的，总是有解决不完的事。

走上这条路，就是走上了一条没有退路的路。有人说创业者都是这个社会的脊梁，是和平时代的英雄，他们过着如履薄冰、战战兢兢的日子，他们所谓的成功和荣耀与他们内心的煎熬和翻刀尖的血泪生活完全成正比。

我并不是在这里诉苦，只是把内心的真实感受写下来，正因这些真实的感受才引发出我今天写的主题"寻找生命的家园"。每个人的灵魂都要有归宿的，人是因为有信仰，有心理的力量才能活得有滋有味。

那么，对于我们这些创业者家属，每天看着爱人糟糕的身体，如何做到不崩溃？如何去面对、破解、转化让人日益喘不过气的沉重压迫感？如何更坚强、更从容乃至更幸福地活下去？这半年来，我过着很颠倒的生活，常常是在夜里一两点就醒来。其实我每天睡得很晚，一般辅导完两个孩子学习，都到12点了。尤其是这几天，我常常在半夜起来看书，我看了杨绛先生的《走在人生边上》，我看了国学大师南怀瑾的《谈历史和人生》，我看了张庭宾的《你可以是菩萨》。因为我突然很迷惑，不知道人为什么而活着，具体讲不知道自己下半生该怎样活着才是正确的，因为我看到先生实在是太累了、太累了。

今天先生在华誓头条里写了人的 80 年岁月，就是有关生命时间分配问题，核心讲每个人对每个年龄段要有一个相对清晰的思考，有一个基础的定位和判断，以使自己能够更好地确定目标、路径以及时间规划，使自己真正高质量完成生命旅程。同时在今天的晨会中，先生也分享了自己这个国庆的主要任务，就是要思考和规划下个四十年到底如何过，以便确定接下来更大的人生命题。

关于世界绞谷的一切，为什么做得如此辛苦？如果单从赚钱角度来说，这几年机会太多了，相对也太容易了，但是先生都没有这么做。目的是他想在精神层面给自己一个交代，想做一个顶级品牌，想从精神层面成就一批人。

因此，我们每个人都要想清楚，我们所做的事情到底是为了什么？我们工作的目的是什么？我们和别人生活的意义又有什么不同？每个人都要回归到追寻人生价值的轨道上来，因为有价值是在这个社会存活的意义，因为有价值才能博得更为自由的生存权利，因为有价值才能获得精神上的愉悦和物质上的丰硕。

无论对男人，还是对女人来说，塑造人生价值永远是王道。任何人只能帮你实现梦想，不能替你实现梦想，实现梦想的内容需要由你自己来填充。在职场就要思考自己的职业价值，学会自尊、自爱、自强、自律、自励、自省，让自己在社会实践中逐渐丰满起来，让自己像大写的人一样顶天立地。

既然我们是这个社会上独一无二的个体，那么我们就应该活出独特的价值、独有的味道。因此，我们该如何存在？生命的家园在哪里？这需要你我都要严肃对待和认真思考。

王 婕

创始人家属

2017 年 9 月 18 日

我们都是范小蠡

　　说起范小蠡，这还是一个非常久远的事情。记得那时我还小，因为看到父亲母亲都有范贡书院交流，但是我们这些孩子却没有平台交流，于是小小的内心有了点想法。经过将近一个月的等待，我们探讨了关于范蠡的故事，知道了范蠡是一代商圣，就这样范小蠡诞生了。在诞生以后的每一年年会上，我们范小蠡一次次登场，这增加了我们的自信心，同时也坚定了我们对未来的信念。

父母对我们的影响

　　随着父母的脚步，我们也慢慢地成长了，我们的见识渐渐地变广了。父母是最好的榜样，我发现了父亲每天都会创作 1 000 字左右的文章，我小小的心灵萌发了感想，我和父亲一起走上了改变我一生的文学之路。我今年 11 岁了，随着一天天的积累，我过去半年的早起原创已经超过 100 000 字了！看着面前的累累硕果，想到了比别人多付出的心血，不禁感慨万千。

2017年8月1日，我们终于迎来了范小蠡的正式揭牌仪式，范小蠡正式成为了一个机构。在父母、叔叔阿姨的带领下，我们范小蠡每一个成员都变得乐学上进，不辜负自己，有的人看书，有的人写作，有的人听英语，每一个人都在为自己的未来做准备。

一次次的探讨，一次次的努力，范小蠡的成员们已经进步了很多。可谁能够想到，这些都要归功于我们的父母，是他们唤醒了我们的理智，让我们从那种逍遥自在的生活中脱离了出来，进入了另一个层次。

我知道父母为了我们付出了很多的心血，为了我们，父母不舍昼夜地工作。渐渐地，我们范小蠡成长了，在年龄上成长了，在知识上成长了。我们还在一天又一天地和父母学习，为的不是长大后脖子上的奖章，为的是能够托起这个社会，托起这个世界！

范小蠡为何而成立

范小蠡为何而成立，难道就是为了让孩子们聚集在一起玩吗？不是的，范小蠡的成立有着一定的意义，是为了让我们能够发现别人的优点、改正自己的缺点。

可能我们范小蠡的成员个个都是未成年的孩子，有些大人不会太在意我们，但是我们会用自己的行动来证明自己。因为我们的未来，我们中国的未来，最终还是要靠我们来支撑。我们这样做并不是为了让别人看我们有多么厉害，也不是为了把我们和别人的孩子做比较，如果那样子的话，这个范小蠡就没有意义了。

我们这样努力，竭尽全力地去进步，是为了让这个社会变得更加美好。曾经有人问过，为什么现在的孩子像小皇帝一样衣来伸手、饭来张口？我想说的是，那是以前。现在的社会已经变了，变得充实、美好了，我们小孩子也变了，变得更加积极上进了，只是有的孩子还没有发现自己的一技之长。

我们对范小蠡的期望是美好的，我们希望这个社会不要再有这么多的纷争，希望这个社会能够多一点让我们学习的空间。

我们对于未来的憧憬

我们范小蠡对于未来有很多的憧憬，我们希望这个社会懒惰的人能够少一些，勤奋的人能够多一些。可能我们的内心总是有着那么一点点地想投机，我们需要不断克制自己，不断提高我们的自律性，毕竟我们在慢慢长大。

我们范小蠡一直希望未来能够好一些，但是如果只是用嘴说的话，那么我们怎么会有好生活，范小蠡又如何会进步？我们要明白所有拥有好生活的人都是靠打拼出来的。马上就要到年会了，我心里又有了想法，既然我们叫做范小蠡，那么我们活得也要像范蠡一样坦坦荡荡。

希望未来会更好，希望我们范小蠡能够越做越好！

谢正天

范小蠡书院执行院长

2017 年 9 月 16 日

第 1 章

以敬畏激活人的力量

激活人的欲望与梦想，是每个企业的基础使命。

一群平凡的人聚在一起做出一件不平凡的事，这是企业作为一个组织最基本的内涵。

如何把一群不同地域、不同文化、不同理想的人凝聚在一起为一个目标前行，这是一个企业家的基本功。

人是企业的核心，价值观是人的核心，践行则是价值观的核心。

敬畏文化最大的作用，就是要激活人的力量，让每一个人都能迸发出超乎常规的能量。

八一建军节

2013 年 8 月 1 日，这注定是一个值得铭记的日子。

图 1-1　2013 年 8 月 1 日，世界绞谷"建军"

86 年前的今天，南昌起义打响了第一枪，开启了中国共产党独立领导武装斗争和创建革命军队的序幕。"枪杆子里出政权"，中国共产党正是有了这支属于自己的武装，才取得一场又一场胜利，直至解放全中国，成为执政党。

就在这一天，在西安天域凯莱大酒店，迎来了 15 位"不速之客"，他们面色庄重，但又不时流露出抑制不住的兴奋。

这是一群刚刚在北京打了一场小胜仗的"骄傲的人"，三年前，他们接手了一个负债上百万的品牌，用三年时间，将它打造成为一个融资 6 000 万，估值 3.3 亿的高端定制眼镜品牌，其中很多人还沉浸在胜利的喜悦和骄傲中。

这是一群出身农村、平均学历只有大专的"卑微的人"，他们不甘于平庸，渴望成功，期望用自己的努力改变自己乃至家族的命运，此时此刻，他

们远没有想到从零开始做一份事业需要付出怎样的代价。

这是一群团队平均磨合时间超过6年、平均年龄30岁的"并不年轻的人"，相比当下日趋年轻化的创业团队，他们显得并不年轻，这是一个不成功便成仁的尴尬年龄，因为已经没有时间让你重来。

这是一群一脚踏入一个陌生行业，没有相关行业经验的"外行人"。"跳槽穷半年，改行穷三年"，他们选择了一条从流转土地开始搞农业种植的全产业链之路，这也是行业公认的投资大、周期长、见效慢的"苦差事"。

这是一群会议召开前账上只有8 000元，却豪言要"带动一方致富、打造一个品牌、改变一个产业"的"胆肥的人"，显然平均30岁已经过了说梦话的年龄，但他们坚信只要找到一群有理想、有血性、互相惜命的人就能干成天大的事。

在8月1日召开会议，是公司创始人经过深思熟虑的结果。

中国共产党从召开一大时15人参会（其中有两名共产国际代表），到百万雄狮过大江解放全中国，到底是什么力量在支撑这么一个组织在一穷二白的基础上取得革命最后的胜利？

一没有钱，二没有枪，甚至也缺乏足够的人才储备，那么中国共产党的创始人们是如何一步步艰苦创业最后在联合国这个主板上市的呢？

创始人深刻地意识到，搞明白这个问题，做一个世界级的品牌和一个全球性的公司将不会是一件非常奢侈的事情。

会议上的三项战略决策

会议从早上8点一直开到晚上8点，在本次会议上，面对即将迎来的一份全新事业，所有人都充满着憧憬和期待。当然，理想很丰满，现实很骨感。在会议上，创始人很系统、很客观地对团队的过去和现状做了深刻的分析，不断地提醒所有参会人员，与理想相比他们的思维、能力、水平和素质是不匹配的，认清这些问题才更有助于快速发展。

会议上做出了三项战略决策，为公司的发展奠定了基调。

一、确立以价值观驱动企业发展的公司发展模型

建业集团董事长胡葆森说："价值观，对于企业非常重要，能够看到价值观导向的企业，全国估计连 500 家都不到。"

中国标志性的企业家、华为公司总裁任正非，更是有句广为流传的论述："资源是会枯竭的，唯有文化才能生生不息。我们是不会消亡的，因为我们拥有自己可以不断优化的文化。"

公司作为社会一个特殊的组织，通常有三重境界，一是做买卖，买进卖出，赚取差价，养家糊口；第二重境界是做生意，什么赚钱干什么，什么来钱快干什么，一切以赚钱为目的；最后一重境界是做事业，志同道合的一群人做一件对社会有意义的事，价值是正品，赚钱是赠品。

就这样，公司正式确立了以敬畏文化为核心的企业文化，确立了**"父母心"、"学习力"、"子弟兵"、"齐分享"、"共成长"和"健康行"的六大核心价值观**，并以此展开了独树一帜的企业发展之路。

二、确立了企业的目标和三个五年计划

在本次会议上，确定了以绞股蓝产业为源点产业，用二十年时间，将公司打造成为一家核心价值观清晰、拥有广泛影响力并深具社会责任感的综合性控股公司的目标。

在会议上以绞股蓝产业为依据，制定了三个五年计划，世界绞谷后来的发展，就按照五年计划一步步地在稳步推进。

后来，这个三个五年发展计划，也分别向相关政府领导做了汇报，取得了政府的高度认同和支持。因为在这份发展纲要里，始终把围绕如何带动地

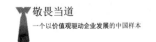
方经济发展作为一条主线，这就是一个企业的社会责任。

三、即日起启动读书计划，并成立范贡书院

会议上宣布成立尚真书院（后来更名为范贡书院），确立了成员的读书计划。从本次会议后，公司开始大规模阅读有关华为、联想、稻盛和夫等方面的书籍，并且制度化地召开读书分享会进行分享，开启了公司日后践行学习力的雏形。

仅有的 8 000 元装修高管公寓

在会议上有个很感人的插曲。公司创始人宣布，仅有的 8 000 元钱作为订金开始装修高管公寓，把他以前买的房子装修出来，供公司高管居住。而且还宣布，在公司盈利之后，优先选择给中高层解决住房问题，让所有的中高层都在西安定居下来，能把父母都从农村接过来。

这时候，也不知道是谁开始小声啜泣，这种情绪迅速在会议室传播和蔓延，大家深深地为能身在这样一个温暖的集体而感到开心。一位当时参加会议的高管后来回忆说："都知道人的重要性，都知道人是一切的核心，但真正能把这一理念落实到位的企业真的不多见，虽然我们刚成立，但我们的起手式就决定了我们的格局。"

2013 年 10 月 20 日，高管公寓装修完成并举行了乔迁仪式，公司在创业初期，尽最大努力践行了"人是一切的核心"的理念。

人常说："不看他说什么，要看他做什么。"高管公寓只是一个开始，伴随着世界绞谷的发展，像这样以人为本、把人放到最优先位置的事情比比皆是。

企 = 人 + 价值观

中国文字，相比其他文字，不仅仅外形富有美感和艺术性，就字本身而言，很多字都蕴含了无穷的智慧，给人以无限的启发。

就拿企业的"企"来讲，上面一个"人"，下面一个"止"，这恰恰道出了做企业的本质。所谓企业，就是社会的一种组织形式，通过对人的排列组合形成一个集体，实现一个组织目标。任何一个组织，最重要的就是人，所以"企"字才会"人在上"，它就是告诉我们，人是一切的核心。

联想的柳传志有句著名的论断："事为先，人为重。"这句话的逻辑重音在"人为重"上，"事为先"这是个基本的前提。不论组建一个企业，还是投资一个企业，都是先准备干个什么事，不论后面干得成功与否，所有人都是事为先的，这是一个基本逻辑。确定了这件事能干可干之后，最重要的还是人。人不行，好事也会干成坏事；人行，三流的事也能干出一流的业绩。

但另外一个问题紧接着也就来了，大家都知道人重要，都知道人是核心要素，但怎么调动和激发"人"呢？"企"字又告诉了我们答案："止"。"知止"，即知道什么该做，什么不该做，也就是价值观的意思。不论承认不承认、能不能精准地说出来，其实每个人都有价值观。做企业的要旨，就是要找到和培养一批价值观趋同的人，共同去完成一件光靠一个人不能完成的目标。所以说，在"人"的调动和激发上"价值观"或者说文化就是核心要素。越伟大的企业，文化建设越好，价值观越清晰，践行的也越好。

吉姆·柯林斯和杰里·波拉斯是美国两位著名的管理学家，他们合著的《基业长青——企业永续经营的准则》是最经典的管理书籍之一，基本上稍有理想的企业家都会对这本书爱不释手。这本书中提到的"高瞻远瞩的公司"，其中有一项特质就是"教派般的文化"，在这种文化的熏陶和传承下，企业才拥有了永续经营的力量。

反过来也成立，如果一个企业人心涣散、人员积极性不高，或者老板总感觉人管理起来很费劲，多半是在企业文化建设上出现了问题。

由此可见，人是企业的核心，价值观是人的核心，践行则是价值观的核心。

黑西服绿领带 —— 你的形象价值百万

"你的形象价值百万"；

"别人可以看不起你，但你自己一定要看得起自己"；

"是不是不知道，像不像很重要"；

"在初次交往时，别人没有时间和耐心了解你的内容，只能先通过你的形象来做个结论"。

这是创始人常挂在嘴边的几句话，也是在抓团队形象建设上核心分享的几个理念。

图 1-2   2014 年企业年会

大家都知道在心理学上有个第一印象效应，也叫"首因效应"。这一心理现象是美国心理学家洛钦斯提出的，这个老头子估计是因为形象邋遢吃过亏，转而专心研究这个领域。

我们都知道，不论是多么深奥的理论，尤其是社会学方面的理论，老外都很擅长用实验来验证，进而得出一个结论。洛钦斯老爷子在 1957 年做了这么一个实验。

在向四组大学生介绍某个陌生人：向第一组介绍时，说他是个性格外向的人；

向第二组介绍时，说他是个性格内向的人；

向第三组介绍时，先说他是性格外向的人，后说他又是一个性格内向的人；

向第四组介绍时，先说他是性格内向的人，后说他是性格外向的人。

随后，洛钦斯要求四个组用上面介绍的术语来描述这个陌生人。第一、二组在描述时没有发生任何问题，但第三、四组对陌生人的印象完全与提供信息的次序相对应，先提供的信息占优势。

当然，洛钦斯老爷子包括其他人还做过很多其他类似的实验，第一印象效应都得到了充分验证。

创始人为什么这么重视一个人的形象呢？不仅仅是刚才讲的理论上的首因效应，他是有刻骨铭心教训的。

和很多优秀的人一样，他在大学也是个不安分的学生。他在办企业出去跑业务的时候就发现，一身学生打扮出去和人谈业务，不是被轰出来，就是被当小孩看，引不起对方的足够重视和诚意。后来他一琢磨不对，干什么要像什么，为什么政治家、企业家在出席正规场合的时候都穿着西服？为什么西服被称为"正装"？为什么结婚时男方一般都要穿西服？因为西服显得端庄、正式，而且对其他人也是一种尊重。

于是他改穿西服打领带，这对当时河南这个三线城市而言，绝对属于卓尔不群。在出去和人洽谈业务时，业务也顺利了很多，大学期间就创办了当地最大的房产代理销售公司，一年时间还完了第一次创办公司欠下的十几万外债。

因此，从世界绞谷创办以来，公司就严格要求：不论寒暑必须穿黑西服打绿领带、配商务衬衫和皮鞋。就这样，在中国 OTC 终端，出现了一支穿西服打领带的业务队伍，成为了一道独特的风景线。在世界绞谷上市的城市，只要看到绿领带，只要看到穿西服的，所有的店长和店员都知道，一定是世界绞谷的。因为到现在为止，除了世界绞谷，还没有发现哪家企业的业务人员全年穿西服打领带在做业务。

要么第一，要么唯一，这就是价值。

"我们要学习华为"

在公司成立之后，学习力的践行就一直没有停歇过。因为学习力就是竞争力，如果你是屌丝和草根的话，学习就是改变命运的唯一筹码。

公司首先从学习华为及任正非开始，把能找到的所有任正非的内部讲话都收集打印出来进行集中阅读学习，把市面上关于华为的经典书都买回来阅读，所有人都被华为艰苦创业的精神所感染和激励，被任正非卓越的商业思想所折服。虽然，有很多东西不达到一定的规模其实还是不太懂，但这并不影响所有中小企业向华为学习。

随后，又集中性地学习了联想，学习了复星，学习了巨人，学习了稻盛和夫……

在这段时间里，每个人都充满了向往，充满了渴望，充满了由内而外的冲动。

有一次，创始人说，我们看了这么多书，了解了这么多企业家，我们都找一个对标对象吧。于是，大家开始激情澎湃地畅想和创作。有的人说，我要成为任正非；有的人说，我要成为杨元庆，我要成为史玉柱，我要成为郭广昌……

还有一次，在一次会议上，创始人说，如果现在我们每人有一个亿，你会怎么花，大家又开始畅想，我要盖一所不收费的学校，我要周游世界，我要创办一个慈善基金……

后来创始人说，其实所有这些畅想和心动，核心目的只有一个，就是要激发所有人对成功的欲望，没有发自内心地对成功的欲望，做事就不会有狠劲，做事没狠劲，啥事也办不成。就这样，一步步地团队成员隐藏在心中的野心和欲望逐步被唤醒。

据马云的助理陈伟在《这就是马云》书中透露，马云在阿里巴巴创业初期，经常组织员工恳谈，核心主题就是假如我们有钱了会怎么花，大家就开始七嘴八舌地、满怀激情地讨论，仿佛自己真的成了千万、亿万富翁一样。据说，这种恳谈会过后，全公司整体工作效率提升了一大截。

这就是人生的"理想图画"。对草根创业者而言，必须经历这么一段激发野心与欲望的阶段。否则，在艰苦的创业初期，靠什么支撑下去呢？

破山中贼易，破心中贼难

在 2014 年 2 月 17 日至 21 日召开的世界绞谷 2014 年二季度综合筹备工作会议上，会议主题就是"**破山中贼易，破心中贼难**"。

这是明朝大思想家王阳明的一句话，王阳明的伟大从一个小故事就可以看出。

日本有个叫东乡平八郎的海军大将，是日本少有的天才将领，他率领处于劣势的日本海军全歼了俄国的太平洋舰队和波罗的海舰队，在回日本后为他组织的庆功宴上，面对一片赞誉，东乡平八郎默默地拿出自己的腰牌，上面只有七个大字"一生俯首拜阳明"。当然，现在也有人说这个故事是编的，用来烘托王阳明的伟大。其实，王阳明的伟大何须这样来衬托？

在本次会议上，创始人系统地阐释了"如何破心中之贼"，让所有参会人员茅塞顿开、醍醐灌顶。

什么是"心中之贼"呢？就是那些阻碍你从平凡变优秀的思维、意识、认知、习惯、意志等，是你做事情时不自然流露出的"起手式"，是你遇到突发事情的"不经意"，是你常年生活在社会底层养成的"草根思维"，是你"原生家庭"带给你的刻在骨子里的印记。这些流淌在血液里、印刻在脑子里的东西不破掉，想成为马云、想成为史玉柱都是痴心妄想，能成为一个高级白领都有点难。由此可见，真正制约我们优秀乃至卓越的核心原因就是这些东西。

为什么三代人才能培养一个贵族，不是你有钱、有势、有地位就是贵族，那种由血脉里流淌出的贵族气息，主要体现在他的思维、认知、视野、习惯等方面，和有多少钱没有一毛钱关系。路易十六的王后在上绞刑台时，无意间踩了刽子手的脚，她下意识地说了一声"对不起"，这就是贵族范儿。

梁晓声用四句话概括了文化，拿过来用来总结什么是贵族也非常合适。"根植于内心的修养，无需提醒的自觉，以约束为前提的自由，为别人着想的善良"。

会上，创始人给出的破心中贼的良方就是，**"欲望"**、**"学习"**和**"意志"**。首先，你得有成为一个优秀的人的强烈渴望，你得有成为"人上人"的企图心，否则，一切都是对牛弹琴，这就是"欲望"。其次，光有想法是不行的，你得行动，成为一个优秀的人最主要的行动就是要学习，在这个不断变化的世界，只有学习才是应对变化、保持持续领先的砝码。最后，你要有坚强的意志，想把理想变成真，想把学习持续下去，想比别人能坚持，最核心的就是"意志"。很多时候，不是你的理想有问题，不是你的道路有问题，而是你的意志出了问题。

60 000 例调研

2013 年 11 月 12 日，世界绞谷正式开启了一项伟大的工作，全面开启了五省的消费者调研。开启时并没有意识到这意味着什么，直到结束后才发现，原来这项消费者调研活动，也许是中国企业界不借助第三方调研，由公司亲自调研样本最大的一次。因为这次调研，整整在全国五个省份调研了60 000 例消费者。

调研分别在陕西、重庆、山西、河南和甘肃五省展开，并且分别选择了省会城市、地级市、县级市、贫困县等不同的地域样本。

图 1-3　邀请部分消费者到办公室深度访谈

在那段时间里，人们会经常发现，一群穿黑西服打绿领带的"神经病"，见人就拉住搞调研，还要赠送一个无纺布手提袋，还承诺产品上市后会赠送一盒茶，相当一部分行人都把他们当成卖保险和搞直销的了，回报给的经常就是一个白眼或者一句温柔的"离我远点"。

当然，大部分人还是比较友好的，面对着"天上掉下的馅饼"，很多人都半信半疑，但冲着能领一个无纺布手提袋，还是接受了访谈，还有 60 000 个胆大的人留下了联系方式。2015 年产品上市后，打电话通知大家来领茶的时候，很多人还是不敢相信，工作人员不得不耐心地帮助他回忆："以前是不是街上有人找你做调研，答应产品上市后给你送茶？"有人说："我还以为是骗人的，原来你们真送啊。"

图 1-4　街头调研

这个"空前绝后"的调研，对世界绞谷而言，就具有三点意义：

一、坚定了对绞股蓝品类的信心。在 40 岁以上的人中，绞股蓝品类知晓率接近 80%，60 岁以上的老年人中，竟然有 20% 的饮用率，在知晓绞股蓝品类的客户中，有近 90% 的人能说出绞股蓝降"三高"的功效。

这简直是天赐的战略机遇啊！这要省去多少市场教育费用，有这么深厚的品类基础作支撑，有这么庞大的人群认知做支撑，这样的品类机会多么难得。

二、60 000 例消费者就是 60 000 个承诺，也是 60 000 个火种。在世界绞谷会员店开业后，前期主要就是通知这 60 000 消费者来领茶，也是这部分客户，成为了首批核心用户，一路伴随世界绞谷走到今天。

三、在与 60 000 名消费者深度互动过程中，深度对消费者的需求及反馈，尤其是饮用后的效果反馈等做了深度了解，像对"失眠"、"便秘"快速良好的改善，就是通过大量的消费者反馈得知的。

可以做个假设，如果没有这 60 000 例调研，没有这么大规模的赠茶，没有这么规模性的来自消费者的第一手反馈，一开始就直接选择在连锁药房上市销售，对消费者的需求和反馈没有任何掌握，在做市场推广时不知道要走多少弯路。

"请进来，走出去"

早在 2013 年 8 月 9 日的会议上，世界绞谷确立了一个很重要的工作方法论，即"请进来，走出去"的工作机制，一方面把优秀的人请到公司来进行专项交流学习，一方面企业率团走进优秀的企业，不断学习其他企业和其他人宝贵的优秀经验，形成公司开放透明的学习机制，同时也是公司六大核心价值"学习力"的又一具体举措。

2014 年 11 月 8 日，对"请进来，走出去"这项学习制度而言，是值得铭记的一天。这一天，时任合生元营销中心总经理赵力受邀到世界绞谷进行交流。合生元是在香港上市的母婴产业巨头，就是那个我们耳熟能详的"宝宝少生病，妈咪少担心"的品牌。他们以合生元益生菌起家，后切入高端婴幼儿奶粉市场，随后异军突起，成为中国高端奶粉市场的佼佼者。合生元高峰时年销售额高达 60 亿，成为中国最赚钱的奶粉，公司市值高达 400 多亿，谱写了一段中国企业高速发展、异军突起、在外资品牌口中虎口拔牙的传奇。

在会议上，赵力先生秉承高阶人群的一贯特点，知无不言、言无不尽，

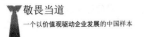
集中分享了"合生元婴幼儿奶粉"如何异军突起、如何成为一款单爆品的经验。

在晚上的答谢晚宴上，赵力讲到："我愿意过来和大家分享，就是看创始人为了事业能卖房子卖地借高利贷，这是一个人想成功、能成功的必备素质，世界绞谷一定能成功！"

自"请进来，走出去"制度建立以来，世界绞谷先后与合生元、杜蕾斯、碧生源、劲酒、红牛、汤臣倍健、果维康等品牌进行了交流学习，对把"绞谷"打造成为单爆品提供了很好的经验借鉴。

"请进来，走出去"学习制度的诞生，其实是与"敬畏文化"息息相关的，因为要敬畏那些先行者和成功者，只有心中充满了敬畏，才会去虚心请教学习，自己也才会有所成长进步。

在中国，有这么一股非常不好的习气，对成功者充满了不屑、鄙夷以及胡思乱想。看见一辆豪车路过身边，就拿"暴发户"戏谑；看见美女开豪车，就断定这女的不是给人当小三，就是有个好爹（或者好干爹）；看见哪个成功的企业家，就说他第一桶金有问题，不是行贿，就是坑蒙拐骗。总之，对成功者缺乏起码的尊重和敬畏。这种思潮和心态有百害而无一利，只会让自己在平庸的道路上狂奔，最后发展成不可救药的裸奔。

在世界绞谷的语言体系和行为结构中，敬畏是深入骨髓的。创始人常说，"我们划分客户结构，可以分为大中小型连锁，但即使是一个二三十家店的小连锁，都是值得我们敬畏的成功者"。

还你一个肾

2014 年 6 月份，时任甘肃分公司总经理的王兴伟，被检查出患有严重的肾病，如果相关指标不能得到有效控制，就会发展到透析以及换肾的地步。对王兴伟本身及他的家庭而言，也是一场巨大的灾难。

王兴伟是创始人做水宜生时榆林的代理商，卫校毕业后，从事过很多职业，但都没有起色，后来做过某水机的县级代理，也以失败告终。从事水机时他知道了弱碱性、小分子水的好处。后来得知有个水宜生的功能水杯正在招商，就买了一张火车票来到西安，一是自己没钱，二是出于不信任，第一次只拿了一件水宜生杯子回去，回去按照公司的策略进行广告投放，然后市场就做起来了，成为了排名第一的地级市市场，赚了几百万，在榆林和西安买了房子，父母也被接到了榆林市区，成为了远近闻名的"青年企业家"。

和大部分挣到第一桶金的人差不多，王兴伟也毫不客气、顺其自然地膨胀了。在不做水宜生之后，自己开过饭店关门了，投资过金融（就是高利贷）被骗了上百万，甚至还准备投资房地产被创始人严厉批评后放弃了，后来做美丽岛眼镜的榆林代理商挣了几十万。数次经验证明，只有跟着有思想的人干才能挣钱。所以，在世界绞谷成立后，他毫不犹豫地加入了进来。

不幸的是，在轰轰烈烈干了近一年后，王兴伟被查出肾病，在西京医院得到最后确诊后，整个人都跨了下来。在这段时间里，我们的创始人不断地鼓励他和安慰他，先后几次到医院和家里去探望他。在 2014 年 6 月底召开的半年度会议上，公司决定，以"公司出资"+"同事捐款"的形式，为王兴伟筹集 20 万治疗费用。

在世界绞谷，很多人说的最多的一个词是"温度"，尤其是那些在很多企业待过的所谓"职场老油条"，从进入世界绞谷的第一天，就能感受到公司与众不同的企业文化，感受到公司敬畏文化的时时处处的存在，这种大家嘴里的"温度"，就是基于对人的敬畏产生的一种自觉行为，它的力量沁人心脾又催人奋进，让每一个人真切地感受到作为人应该得到的敬畏和尊重。这也是世界绞谷能快速发展，脱颖而出的"绞谷之道"！

刘备三顾茅庐，绞谷十请徐老

"世界绞股蓝看中国，中国绞股蓝看平利，平利绞股蓝有徐老"。这是在绞股蓝产业圈里流传的一句话。平利绞股蓝之所以能发展至今，成为"绞股蓝原产地"、"中国驰名商标"、"世界绞股蓝黄金产区"，徐家振先生功不可没。

徐家振，陕西安康平利县人，从一名普通的基层农业科技人员，逐步成长为平利绞股蓝研究所所长、平利县科技副县长。因为对绞股蓝的卓越贡献，2013年被农业部、中央电视台授予"中国农业科技人物"、"大地之子"的荣誉称号。

图1-5　中国绞股蓝之父 ——— 徐家振

徐家振拥有几十项关于绞股蓝的发明专利，他的许多科研项目已投入到绞股蓝的实际种植应用中，中央电视台、北京卫视、华商报等国内多家媒体都采访过徐家振。徐家振有一项很重要的贡献，就是让绞股蓝不再怕晒太阳，实现了绞股蓝的规模化人工种植。否则，单单依靠在山谷、溪涧等地方的野生绞股蓝一点点的产量，绞股蓝产业化难于上青天。可以这么说，在绞股蓝这个领域，徐家振就是"袁隆平"。

徐家振已退休多年，潜心撰写《平利绞股蓝》一书，该书已于 2016 年 10 月份在"绞股蓝产业发展研讨会"上做了新书上市首发仪式，由陕西师范大学出版社正式出版，该书也是目前国内关于绞股蓝最权威的著作。

经平利县政府领导引荐认识徐老以后，世界绞谷诚意邀请徐老出任世界绞谷的首席技术专家，被徐老以各种理由婉言谢绝。世界绞谷负责研发系统的谢天，是体系内出了名的"铜豌豆"，认准的事情一定要办成，于是，前后十次去平利县邀请徐老，后面几次再去，也不提出山的事了，就是陪徐老喝喝茶、唠唠家常，不时汇报一下世界绞谷的筹备及发展进程，有时候再请教一些关于绞股蓝的技术问题。

就这样，在第十次登门拜访的时候，徐老"忍无可忍"，主动提出来出任首席技术专家。徐老说得非常实在："这二十年来，先后不下一百批人来找我，找的时候说得都天花乱坠，最后大部分都不见踪影，剩下的也是雷声大雨点小，只有你们，一是这么有诚意，一次次来找我，二是你们踏踏实实地在做绞股蓝产业，就冲你们这两点，咱合作一把，把我这毕生的研究拿出来，真正实现国务委员陈俊生所希望的让绞股蓝造福人类的愿望！"

正如徐老所说："让绞股蓝造福人类，主要有两个层面的含义，一是要造福平利县二十多万人民，让他们依靠绞股蓝脱贫乃至发家致富，二是造福中国乃至世界人民，让大家真正通过饮用绞股蓝茶获得健康！"

一个圈画醒梦中人

在 2013 年刚从北京回来的那段时间，团队中弥散着一种莫名其妙的骄傲和自大的情绪。很多人觉得，我们这群人太牛叉了，我们用三年时间，把一个品牌从负债百万到融资 6 000 万，估值 3.3 亿，尤其是团队中的年轻人，

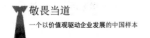

更是感觉自己无所不知、无所不能，俨然把自己已经当成了大腕儿。

任凭这种骄傲自大的情绪蔓延，会对团队造成极大的杀伤，尤其是对敬畏文化更会成为一种羁绊和副作用力。因为骄傲自大，你会觉得"老子天下第一"，对所有本该敬畏的人和事失去基本的判断和尊重，人都飘在半空中，上，上不来，下，下不去，一瓶子不满，半瓶子晃荡，阻碍所有人继续进步。

在一次会议上，创始人说，我们玩一个游戏，这个游戏叫"画圈"，以你的月收入为圆心，分别画三个圈，第一个圈代表月收入的 3 倍，第二个是 5 倍，第三个是 10 倍，然后在圈上标注好你认为关系好的同学或朋友，然后分别去借钱，看你到底能借来多少钱？现在大家就开始画圈，然后把亲戚朋友标注好，然后逐一微信、电话联系，理由不限，什么理由能借到钱就按什么理由来，前提是急用钱，今天必须打过来。第二天，我们再揭示谜底。

第二天召开会议，每个人汇报自己的借钱结果，很遗憾的是，绝大部分人截止到开会时，一分钱也没有借到，很多人答应好好地说借钱，挂完电话后就没有动静了，更多的是直接以各种理由委婉拒绝。

所有人都傻了眼！

"这就是你所谓的朋友，这就是你所谓的人脉！其实，你在别人眼里并没有你想象的那么重要，这是我们要明白的第一个道理。"创始人说。

于是，很多参会的人开始窃窃私语甚至是"诅咒"：那个谁谁谁，亏我以前当他是朋友，那个谁谁谁，他以前困难时，我还借他钱了，那个谁谁谁，喝酒时都说得那么好，现在竟然一毛不拔。

看大家发泄差不多了，创始人说："大家安静，如果我们仅从画圈这件事得出上面的结论，锦上添花小人多，雪中送炭君子少，这是亘古不变的道理，我们的埋怨没有任何道理！相反，只会让人觉得你幼稚！"

"从画圈借钱这件事，我们汲取的经验教训是，你根本没你想的那么值钱，你根本没你想的那么优秀，正是因为别人认为你不值钱和不优秀，才认为你不重要，认为借给你钱有风险。假如马云给你打电话借钱，我想你砸锅卖铁都会借给马云，因为你觉得马云值钱，你潜意识里认为借钱给马云不但没有风险，而且还会有成千上万倍的回报。"

"所以，一定要正确地认识自己，正确地认识自己的现状，不要动不动就把集体的光环套在自己头上，3.3 亿到底和你有什么关系？你在整个大局里到底起到了什么作用？你到底值多少钱？你现在去人才市场找工作，你能找到年薪多少的工作？"创始人的语言一如既往地犀利，每一句话都像一把尖刀，扎扎实实地刺向每个人脆弱的小心脏。

至此，画圈借钱成为了世界绞谷一个非常经典的故事，他时时刻刻提醒每一个人，不要盲目自大，不要自认为优秀，你根本就没有你想的那么值钱。当然，随着世界绞谷的发展，画圈还会进行下去，人会不同，金额会不同，不变的是永远要保持谦逊和敬畏。

父母也要进城

2013 年的年会，是世界绞谷成立后首个年会，也为后来所有的年会奠定了基调。

一是年会要邀请父母出席，让父母来见证企业的发展、见证儿女的进步；二是每年年会要给父母发红包，第一年每人 1 000 元，以后每年递增 30%，这个 30% 也告诉所有的人，企业的年增长速度不能低于 30%，否则连父母的红包都发不起了；三是以后每年年会的大主题都确定为"为父母起航"，让"父母心"在每年的年会上也得到践行。

在本次年会上，发生了很多感人的插曲，同时也让所有参会的世界绞谷成员，一夜之间仿佛长大了很多、成熟了很多、懂事了很多。

父母第一次进五星级酒店开会：绝大部分父母都是第一次走进五星级酒店，不论是进大堂，上电梯，进会议室，听 PPT，全程都充满好奇又小心翼翼，会议期间，没有一个父母中途去上洗手间，专心致志地开完了一天的会议。在下午的会议，原本担心有些父母年纪大了打瞌睡，结果没有一个父母打瞌睡。

父母第一次在五星级酒店就餐：在会议用餐时，特意上了包括海鲜在内的很多"硬菜"，原本担心父母年纪大了牙口、胃口不好，但最后，所有的桌上的饭菜都吃得非常干净。

父母第一次面对镜头：在会议的最后有一个环节，要面对摄像头给自己的儿女说几句寄语，很多父母紧张地满头大汗，平时说话比较利索的父母，第一次面对镜头时也紧张得说不出话来。

类似的第一次还有很多，第一次儿女陪同在西安旅游，第一次住酒店等等。面对战战兢兢、小心翼翼参会的父母，作为真正有良知的儿女，没有一个不心酸落泪的，所以在年会上播放筷子兄弟的《父亲》时，全场泪奔。这个眼泪，有激动的泪水，有悔恨的泪水，有心酸的泪水，有不甘的泪水，这一刻，父母心得到了升华……

图1-6　见证了企业与孩子的成长　参加年会的父母都很开心

"五星级酒店到底是为谁开的？"

"我们的父母为什么不能经常在五星级酒店吃饭？"

"我们的父母为什么不能进城？"

这次年会结束后，在随后进行的年终复盘会上，创始人提出的三个问题。

中国改革开放三十多年，创造了丰硕的成果，又有多少是属于我们的呢？又有多少我们的父母享用过呢？我们的父母为什么就不能成为五星级酒店的常客？我们的父母为什么还要生活在各项生活条件都不方便的农村？

我们到底差在哪里？我们到底还在等什么？我们到底需要多长时间才能觉醒？

一次年会，让所有人惊醒！

先道后术，先难后易

我们知道，人是一切的核心，如何凝聚人和激发人的力量是所有组织的首要宗旨。在这一点上，我们必须向教派学习，因为所有的教派在凝聚人和激发人方面都有一套成熟的做法。同样，只要做得优秀的企业，其做法无疑也都符合了教派的一套做法。

在凝聚人和激发人上，最重要的手段就是建立一套共同的文化系统，包括愿景使命、价值追求和行为规范等方面。用这一整套的文化系统，凝聚越来越多的有相同文化认同的人，并在文化的熏染下让越来越多的人成为组织需要的人。

"让天下没有难做的生意"是阿里巴巴的使命，现在则升级为"促进开放、分享、透明、责任的新商业文明"，阿里巴巴的愿景是"分享数据的第一平台"、"幸福指数最高的企业"和"活102年"；阿里巴巴有六大核心价值观，即"客户第一"、"团队合作"、"拥抱变化"、"诚信"、"激情"和"敬业"，在此基础上，诞生了阿里巴巴的众多行为规范，比如花名文化，比如氛围轻松的"FUN文化"等。总之，所有这些文化就是传说中的"阿里味"。

世界绞谷自成立之日起，就立志成为一家以价值观驱动的企业，也就是

说要成为一个以文化建设团队和企业的文化，公司以"敬畏文化"为根脉，形成了完整的文化系统。

世界绞谷的使命："让人类更健康、更轻松、更有价值"。

世界绞谷的愿景："成为一个世界级的可传世的品牌"，控股公司的愿景为"成为一个生态型个人健康消费金融平台"。

世界绞谷的价值观："父母心"、"学习力"、"子弟兵"、"齐分享"、"共成长"和"健康行"。

正是建立了这一套文化系统，公司在团队建设及业务拓展方面，才会厚积薄发、一发而不可收拾。

正如创始人所言，别人选择的是"先术后道"和"先易后难"的发展模型，我们选择的是"先道后术"和"先难后易"的发展模型，文化建设相比业务拓展会艰难很多，因为你要企业文化真正"内生于心、外化于行"是异常困难的，所幸的是，我们做到了，而且做得越来越好。

以敬畏文化作魂凝聚人和武装人

孔子说，君子有三畏，畏天命，畏大人，畏圣人言。大概意思是说，君子对三点要心存敬畏之心，一是要敬畏自然规律，二是要敬畏有威严、德高望重的人，三是敬畏圣人的训示。孔子不愧是圣人，早在2500年前，就把人类的那点德性看了个透，就知道你会在这三方面犯错误。

事实证明，孔子说的是对的。真正有所成就的人，都会心存敬畏之心，他们有边界感，知道自己什么能做，什么不能做，有所为而有所不为，对人对事知道好坏，知道荣辱，做错事有羞耻感，永远放低身段，做人很谦恭，做事有分寸。

敬畏文化作为我们华誓控股的企业文化核心，有两重重要的含义，对敬畏文化的理解和践行，要建立在深刻理解其内涵的基础上。

　　第一重含义，即对真正有价值的人和事的承认和尊重。当今社会，人们缺乏敬畏的首要表现就是对价值的漠视和不尊重，集中体现在对有名望的人或者对别人取得的成绩总是嗤之以鼻或者冷嘲热讽，以阴暗的想法去推测和揣摩别人取得的成功。这种现象，最直接的就是去看关于名人新闻下面的跟帖评论，充满了不屑甚至是恶毒的诅咒，完全不顾事实的真相，这种莫名的"仇富"、"仇名"心理，对价值的极度不尊重，于己于人都没有任何好处。

图 1-7　团队成员每天恭敬地对产品履行三鞠躬

　　相反，如果你对价值能保持足够的尊重就是另外一番景象。因为敬畏，所以你会尊重，因为尊重，所以你会去效仿，让自己也越来越有价值，最终形成一种良性的社会氛围。否则，没有人愿意去拼搏，因为你换不来尊重。

　　第二重含义，就是知边界、懂好坏、论荣辱，做人做事有很明确的价值判断标准，知道什么可以做，知道什么绝对不可以做，知道什么是光荣的，知道什么是耻辱的。只要这样有所为有所不为，社会就会充满安全感。

　　正是因为缺乏敬畏感，我们这个社会才充满了乱象，竟然出现了许多不可思议的东西。比如，诈骗之乡、办假证之乡、各类假货之乡。更为关键的是，在当地，大家不以为耻，反以为荣，毫无羞耻之心，一切以能挣到钱作为唯一衡量标准。这种"互相伤害"的社会，人人缺乏安全感，人人自危，对社会的长治久安提出了巨大的挑战。

对企业而言，知边界的好处就是有井然的秩序、严明的制度、各司其职的高效、顺畅有力的执行，虚心好学的上进氛围。

因此，我们可以下个结论，敬畏就是精英文化的核心，越敬畏越精英，越精英越敬畏。在生活中，大量的案例也验证了这个道理。越是那些取得很高成就的人，和人交往时，越是谦卑热情，让人如沐春风，每个人都愿意和你交往，想取得成就还难吗？

因为对有价值的人和事充满敬畏，所以会心生向往、会见贤思齐、会立即行动。这就是敬畏文化，就是行动文化的内在逻辑所在。相反，对任何人和任何事都不尊重、看不上，都认为没什么，你肯定不会采取行动，因为你认为不值得。

另外，敬畏文化中的边界感，也能促成正确的行动。有句话这么讲，有时候，不乱动就是最好的行动。不去做不能做的事，看着保守、迂腐或胆小，实则是更高智慧的行动。我们有多少企业是因为瞎作为最后一蹶不振的。

第 2 章

人人都是创始人

企业的成功就是尽可能多地复制像创始人一样的人；

核心骨干是折腾出来的，联合创始人是"拼命"出来的；

思想的形成首先是意志力的形成。

找到能主动把一个好习惯坚持五年、十年以上的人，让他或成为高管、或成为股东、或成为联合创始人，因为再好的事业都不如认真坚持，因为这个时代需要傻，而不是需要巧。

所谓主人翁，就是在任何场合和任何事件中把自己当成唯一的主人，否则永远是做客，而不是做主。

《华誓基本法》

华为有一本在企业界广为流传的《华为基本法》，是根据任正非的思维因果用统一的语言集中对企业的观念、战略、方针和基本政策做的一次全面梳理和系统总结，是构筑华为公司未来发展的宏观架构。

《华为基本法》是中国企业第一次系统对企业价值的总结，对中国的企业文化建设起到了很大的推动作用，是中国企业大规模开展企业文化建设的启蒙和奠基之作，被大量的企业家奉为经营管理的案头书和必备书。

作为世界绞谷的母公司，华誓控股自成立之日起，就心怀敬畏之心，时刻以华为为榜样，不断借鉴和学习华为的优秀思想、经验和做法。在世界绞谷，所有成员在写文章时，在文章的开始有一句"小华为，大作为，让听见炮火声的人去决策，凡是枪打到的地方都有世界绞谷的人，凡是您看到的绿领带都是世界绞谷的股东"；在文章的结尾还有一句"小华为，大作为，我们一直在努力"。所有这些，都是在向华为学习和致敬！

在华誓控股，也有一个《华誓基本法》，主要包括两大部分内容，即人的价值论和事的方法论。在人的价值论里有一个总论，即"公司的成功就是尽可能多地复制像创始人一样的人"。

附：小华为，大作为

　　2017 年 1 月 4 日

世界绞谷，中国国宝。

小华为，大作为。

让听见炮火声的人去决策，凡是枪打到的地方都有世界绞谷的人，凡是你看到的绿领带都是世界绞谷的股东。

我们对华为系统性的学习不是今天的心血来潮，我们自 2013 年 8 月 1 日起盘就系统地学习了华为，尽管我们看到的和能学到的只是一些表象，但是这丝毫不影响我们一开始就把华誓控股植入伟大企业的基因。不仅仅是专业书籍的学习，还包括大量打印资料的学习，我们在过去的三年里，至少阅读了 100 万字的华为资料。

我们在全球范围内以华为进行对标。

一个企业的核心文化基础就是分配文化，华为之所以取得今天的成就，就是因为其高度透明的分配文化与分配机制，让全球范围最难整合的知识分子形成无可匹敌的力量。对于我们也一样，我们也要思考在全球范围内如何解决分配问题，如何通过系统性的分配机制设计让更多的人进入到华誓控股、世界绞谷的成果分享体系中，这里面不仅仅包括物质分配，还包括名、权、精神、荣耀乃至世代共荣的非物质层面的共享。

我们今天提出把华誓控股定位为小华为绝非一句口号，我们从一开始的学习，到系统性践行齐分享文化，到最终彻底打造起没有围墙的共享文化，这是我们企业所有顶层设计的根。

人生最大的挑战就是贪欲的挑战，接受这种挑战就意味着逆人性。我在 2016 年内参的序言中写到："我可以仅仅拥有华誓控股、世界绞谷 1% 的股权，我一定能很好地调节我自己的欲望，实现自己精神层面的超越，只要我们的华誓控股、世界绞谷能如期实现我们的战略目标。今天起，我本人的学习将深刻围绕两大领域展开，即毛泽东选集和华为文集，真正系统性打造我们的顶层设计和分享机制建设。"

"人生的很多事情，想明白了，就简单了。"

"我想我具备这样的胸怀，我也具备想明白这些问题的实力，因为过去两年的《华誓系》我已经思考了太多太多，我们已经开始系统地践行了。"

创始人是什么样的人

企业的成功，很大程度取决于创始人的成功。创始人的成功不仅仅看他个人的成功，还要看他带出多少像创始人一样的人。创始人身上有很多优秀的品质，但核心要具备以下三点品质：

一、创始人一定是一个操心的人

不论你在什么行业创业，作为创始人你都必须是一个操心的人，必须在心里时刻装着事。所谓操心，其最核心的内涵就是主动，你必须主动了解市场，并且想方设法地完成工作，或者找到完成的方法。

在世界绞谷，创始人给所有的人作出了榜样，包括企业员工和创业者。企业所有的运营数据都装在他的心里，除了天生的记忆力好之外，其最主要的还是因为他觉得这些实在太重要了。试想一下，如果一家企业的创始人不知道自己的企业有多少终端，不知道有多少 A 类店，这种用心程度，是很难取得创业的最终成功。

二、创始人一定是一个高度自律的人

自律是一切优秀品质的基石。很多人之所以不能取得成功，是因为他管不住自己的情绪，控制不了自己的惰性。

毫不夸张地说，自律几乎可以称得上是一个人最美好的品质。因为很多其他品质，都是建立在自律的基础上，如果没有自律能力，其他品质将得不到基本保证。比如说，一个勤奋的人一定是自律的人，我们永远要知道，懒惰才是人的本质需求，用自律克服掉懒惰才能勤奋。

自律，归根到底就是要对自己狠，要敢于离开自己的舒适区，要敢于给

自己捅刀子。用 360 周鸿祎的话来说，就是"要想成功，必先自宫"。一个人倘若想放纵自己，贪图舒服，又想取得一定的成就，这简直就是天方夜谭。

自律，对于创始人包括三层含义：第一，不断克服自己，改变坏习惯和坏作风。第二，信守自己的承诺，说出去的话就一定要办到，不为食言寻找任何借口。第三，不断超越自己，不断向别人学习，通过蜕变让自己越来越优秀。

三、创始人一定是一个坚强的人

凡是一家企业的创始人，一定是一个坚强的人，是一个"打不死的小强"。这种坚强，就主要体现在内心的强大上。

那么，怎样才能称得上"坚强"。在革命运动中，很多被打倒的老革命，这些人不可谓不操心、不可谓不自律，但很多人没能挺过难关，选择了自杀，轻易结束了自己的生命。真正的坚强，是在面对困难时才能表现出来的。顺境时呼喊和标榜的坚强，都不值一提。只有在逆境时，才能看出一个人到底是真坚强还是假坚强。

滴滴 CEO 程维在《努力到无路可走，上天就会给你一扇窗》的这篇文章中写道：创业的路是孤独的。他说，创业是一条没有尽头的路，就像一艘船，船长是不能弃船的，船沉了船长要跟着一起死。这也许就是每一个创始人真实的、令人望而生畏的处境和心声。

5 加 2、白加黑、7 乘 16 工作制

在世界绞谷，自成立之日起，公司中高层及核心骨干，就是执行的 5 加 2、白加黑、7 乘 16 工作制，基本没有任何周末、节假日，尤其是作为核心创始人，更是身先士卒，从早上 5 点起床一直工作到深夜，身体里好像永远都有

消耗不完的能量。

图 2-1　世界绞谷团队成员参加会议集体合影

成功的企业都是相似的，尤其是在加班文化上，而失败的企业则更各有各的失败。华为作为中国最成功的企业之一，"垫子文化"就是一种加班文化，是一种奋斗文化，这种加班文化在华为创建早期尤其明显，因为那时候条件更艰苦、人才更匮乏，只有靠比别人更多的艰苦付出，才有可能在什么条件都不如人的情况下实现追赶和超越。

任正非说："华为 20 年的炼狱，只有我们自己和家人才能体会。这不是每周工作 40 小时就能完成的。华为初创时期，我每天工作 16 小时以上，没有房子，吃住都在办公室，从来没有节假日，想想这是十几万人 20 年的奋斗啊！不仅仅是在职员工，也包括离职员工的创造。怎么可能会在很短的时间，每周只工作 40 小时，轻轻松松地就完成产业转换和产业升级呢？每周工作 40 小时，只能产生普通劳动者，不可能产生音乐家、舞蹈家、科学家、工程师、商人……"

所以，有外国记者采访任正非："你们是怎么在 30 年间做到世界领先的？"

任正非回答："不，我们用了 60 年，我们每天都是 2 乘 8 的时间在工作。"

学习别人要用考古学

向任何一个企业学习，都必须以"考古学"的视角去学习，比如向华为学习，你必须不断往前翻页，回到企业的初创期，看看初创时他们是怎么做的，哪些是值得学习和借鉴的。如果你非要学习华为经过 30 年发展后的一些东西，那就会被噎死。

很多初创企业，尤其是互联网方面的初创企业，借着行业的红利，完成融资以后，就膨胀得不知道自己是谁了，开始嘚瑟。"我们要向谷歌学习！"开始又是不打卡、又是喝咖啡、又是允许员工带宠物上班等，这样的企业，没多久就会折腾死了。

那种把做公司理解成享受的企业，最终的结局，毫无疑问都是死亡，因为这与世界的真相不符。

作为公司，从全社会的角度而言，你必须真正为社会创造价值或者真正提高一件事情的效率，最差你也要优于行业平均水平，作为初创企业，你要问问自己凭什么？

中国三大互联网公司 BAT，哪家在创建初期不是靠硬生生的加班支撑起来的，网上一直都有各种 BAT 令人发指的加班文化的传说。现在看有非常好的各项工资、福利待遇，但核心骨干一样也是没白没黑地在干活，更不用说早期创业时期了。所以，学习企业也一样，不能光看贼吃肉，看不到贼挨打。

人的价值在周末，事的价值在周内

创始人常常对核心骨干讲一个理论："人的价值在周末，事的价值在周内"。

一个人想真正出类拔萃、人前显贵，是由你在下班后、你在周末做什么决定的。绝对没有任何一个人，早九晚五规规矩矩上班，下班后老婆孩子热炕头，能取得什么成绩，在中国没有，在外国也没有。凡是追求"钱多事少离家近"的，一律都是普通工薪阶层，你的追求就决定了你的价值，你的付出就决定了你的成就，在这一点上没有例外。

要知道"你的家属并不反对你加班，反对的是你加班加不出任何成绩，你的家属并不反对你没有周末，反对的是你没有周末一个月也只能给家里几千块钱。"相反，有一点可以肯定的是，所有伟大公司的高管，基本上也是没有星期天和休息的概念的，而是时刻在工作，时刻在想着工作。但与普通人不同的是，他们的家属都是全力支持他们的工作的，因为他们创造价值！

普通人有两个误区：第一个是"总是过高地评估了自己一年内能取得的成绩，而低估了十年后取得的成就。"说得直白一点，就是短视和急功近利。不论做什么事情，总想在很短时间内就能取得成绩，一旦不尽如人意就放弃了，错误地低估了"如果自己为一件事情奋斗十年"能取得的成就。

第二个误区就是"总想用乞丐的付出获得富豪的生活"。你要问所有人，想不想过富豪的生活，绝大部分人都愿意，但这个"愿意"只是想过富豪的享受，而不是付出。成熟的人都知道，富豪生活的主旋律是付出，获得的回报只是副产品。普通人之所以沦为普通人，就是这个道理一直没想明白，总想多回报，总想少付出，总想多得，总想少舍，总想人人为我，不想我为人人。不是这个世界不公平，是你的脑子进水了。

在中国当前"大众创业、万众创新"如火如荼的时代，有80%以上的创业者对创业有着严重的理解偏差，不知道真傻还是假傻，片面地把创业理解成为了马云的亚洲首富、纳斯达克敲钟、各类论坛上天马行空的演讲。殊不知，马云从上初中参加英语角开始，到创办英语夜校，再到创办海博翻译社，到北京创办中国黄页，最后创办阿里巴巴，这一路的艰辛和吃的苦，大家就选择性失明了。

"一分耕耘，一分收获"、"付出总会有回报"，所有的成功学都不是骗人的，只是你自己把自己骗了；所有的心灵鸡汤都是好鸡汤，到你碗里你给放臭了。你没有获得一分收获，也许原因很简单，你只做了半分付出，你付出没有回报，其实是因为你的付出根本支撑不了你想要的回报。

有一年，北京一家报社做了一期题为《我的梦想》的专稿，采访了诸多在北京打拼的外乡人。其中有一个初中毕业的年轻人，在北京一个饭店里端盘子，记者采访他的梦想，他很坚定地说："我要在北京买房买车。"记者再三追问："你靠饭店端盘子要实现这个梦想？"后来，记者评价说，这不是梦想，这是做梦。结果，还引起了不小的争议。真相总是那么残酷，以至于让很多人接受不了。你想靠端盘子的付出在北京买上千万的房子，这明摆着就是做梦嘛！

一口气开了三家专卖店

2014年9月17日，从国家食品药品监督管理总局传来好消息，绞谷牌绞股蓝茶的保健食品批文正式获批，绞谷牌绞股蓝茶可以正式上市了，听到拿到批文的一刹那，公司所有的人都高兴地流出了眼泪，太不容易了。如果办不下来，对公司而言后果将不堪设想，这一年多以来，公司没有任何收入，人吃马喂，又是搞调研，又是"请进来，走出去"的学习，如果批文申报中有什么问题办不下来，这意味着一切清零。

直到办下来后，创始人说，在办理批文的过程中，他承受了巨大的压力，倒不是因为批文办理过程的烦琐，而是担心办不下来，对整个团队是毁灭性的打击，近百号人已经热火朝天地筹备了一年多，结果你说批文办不下来，这对团队将是多么大的打击。

所以，在办理批文过程中，创始人得了将近9个月的抑郁，他一直偷偷地吃药，从来没有告诉任何人，只是在批文办下来后，他才告诉大家。

批文下来后，大家积蓄已久的能量开始爆发，英雄终于有了用武之地。从10月底到11月份，重庆、西安、太原的三家专卖店陆续开业。

开业之后，就又迅速地开展了轰轰烈烈的送茶活动，向前期调研积累的60 000 例客户回馈送茶，开始了世界绞谷的市场征程。

干四活精神

在世界绞谷，有一个"干四活精神"，就是要干脏活、苦活、累活和粗活，做别人不愿意做的事，干别人不能干的事。

社会经济发展的副产品就是人变得越来越矫情，稍微用心费力的工作就没人愿意干。在一次会议上，创始人提出，世界绞谷要发扬"干四活精神"，没人愿意干或者没人能干的事，我们干了，这就是价值；别人怕麻烦、怕吃苦，你不怕你就是赢家。

在这一点上，从最初冒着烈日或顶着严寒进行 60 000 例消费者调研，到全国将近 400 万例的"虎头奔"没日没夜地发放，无一不是"干四活精神"的体现。

就拿产品上市后 60 000 例消费者的回访送茶来说，就是一个巨大的、枯燥的苦活累活。当时，并没有专业的呼叫人员，把几名业务人员调入呼叫中心，从早上开始就不停地打电话通知消费者来领茶，当然了，事情远没有想象的那么简单，你说免费送我茶我就相信吗？还需要大量的解释和说服工作，还要帮助消费者回忆，什么时候我调研过你，当时是怎么答应给你送茶的。有很多消费者不论你怎么解释，始终认为你是骗人的，小伙子们为了取得消费者的信任，就三番五次地打去电话沟通，动之以情，晓之以理，就是为了能多送出去一盒茶。

当时，很多业务人员都是刚退伍的军人，对社会不太了解，当时就很纳闷，我们明明是一片好心，免费送人家茶，为什么人家会不相信我们？公司还得定期地给他们上课，从社会大环境讲到人性，从很多骗人的传销讲到天上掉馅饼等。讲不明白这些，小伙子们就容易着急上火，容易和消费者在电

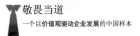

话里吵起来，让好事变坏事。

专卖店的接待也是个大问题，随着前期逐步有人免费领到了茶，后面再来领茶的，知道真的"天上掉馅饼"，会把亲戚朋友邻居都领来，专卖店一来就是几十号人，一是专卖店接待不来，二是不符合领茶的规则，因为其他被领来的人不是当初调研的客户，在领茶的数据库里根本没有他们的名单，这时候就体会到了老百姓的"智慧"，会以各种理由来"纠缠"。后来公司只能下通知，只要进专卖店进行姓名电话登记，都可以领茶。

不论是呼叫中心还是专卖店的同事，上一天班下来，嗓子都是哑的，尤其是专卖店的同事，基本上还得站一天，公司规定又必须穿职业装，女同事要穿高跟鞋，所以这活儿，不是一般人能干下来的。但是所有的同事，都本着送出去一盒茶就兴许能发展一个未来的客户的想法，充分发扬"干四活精神"，把工作完成得非常好，专卖店前期的销量，就是靠这批领茶的客户回头购买支撑起来的。

轰轰烈烈的世界绞谷就从轰轰烈烈的送茶开始的！

附：20 岁的老店长
2015 年 4 月 21 日

在西安最繁华地段的北大街，绞谷会员体验店就坐落于此。自去年 11 月份开业以来，一直顾客盈门、客来客往，成为北大街一道亮丽的风景线。

更让人叫绝的是，绞谷会员体验店的店长，只有 20 岁，聪明伶俐、活泼可爱，在华誓控股，她的名字叫薛习，连同店面一起，她也成了一道风景线。

很多老客户一进门复购，就喊着薛习的名字；很多路过店面的会员，总会抽空进来，和薛习聊聊天；还有很多新客户，被薛习专业的讲解、真诚的服务所打动，就此成为绞谷忠诚的会员。

从 2014 年 11 月 6 日店面试营业开始，除了 2015 年春节休息了三天之外，薛习一天都没有休息过。她总说："绞谷刚刚上市，我不能休息，店里每天很多会员都等着我呢。"

她每天早上 7 点上班，一直营业到晚上 9 点。就这样，她每天从早上忙到晚上，很充实，又很满足。她说："我工作起来，从不感觉到累，和会员在一起，我每天都很开心。"

她就是薛习，绞谷团队的一个缩影。

有这么一个团队，绞谷必胜！

"惨绝人寰"的 400 万例 "虎头奔"

产品上市后，为了能迅速打开知名度，迅速普及茶饮养生的品类概念，公司决定开始规模化地发放无纺布手提袋，在手提袋上印刷上品牌及广告语，在手提袋里装上产品宣传资料和两袋茶，可以起到 "一箭三雕" 的作用。

一方面，手提袋结实耐用，深受老百姓喜欢，上街购物都会提着，成了流动的活广告；第二方面，手提袋里的宣传资料，可以对消费者进行深度教育和说服，当时里面的资料用的是《绞股蓝茶与养生保健》这本书的简装版，内容翔实；最后一方面，两袋茶可以让消费者回去品尝，因为相比其他绞股蓝，绞谷茶的口感非常好，消费者有了更好的体验。

公司把这项行动命名为 "虎头奔" 行动。"虎头奔" 是一款老式的 S 级奔驰轿车，在 "虎头奔" 刚上市的年代，只有非富即贵的人才买得起，是身份和地位的象征，因为车前脸神似虎头，所以得名 "虎头奔"。当时公司的口号就是，通过规模化无纺布手提袋的发放，让每一个分公司都能挣回一台 "虎头奔"。

"虎头奔" 行动具体执行起来，远没有说得那么美好。工作流程是这样的，工厂按一包 1 000 个装在一个大蛇皮袋里运到公司楼下，因为很多时候大部分男同事都在外面做业务不在公司，这些一包大概有 50 多斤重的蛇皮袋，由公司的女汉子一包包地运到 18 楼。世界绞谷的女汉子们，在整个写字楼里形象一直都很高大，没人敢惹。

运到公司后，再把手提袋一包包地拆开，一是检查一下有没有坏的，二是为后面的分装做准备。晚上所有同事回来后开始分装，两个人一组，一人用双手把袋子撑开，一人给里面装上资料、装上两袋茶。全部装好以后，再放到办公室外面码齐，然后再用小推车一车车地运到楼下，装上金杯车。一般一晚上平均都要装一万个，多的时候要装三万个，一干就干到晚上两三点。

图 2-2　全员执行"虎头奔"

第二天早上五点起床，所有人到一个指定的地点集合，一般选择在人多的地方，比如早市、公园、广场等，用早上三个小时的时间进行发放，发放完以后，业务人员再开始一天的工作。就这样，西安、重庆和太原市区所有的早市、公园和广场等早上人多聚集的地方，世界绞谷都发放了一遍，在陕西很多地级市的上述区域，也基本进行了覆盖。所以，要问早晨哪里人最多，世界绞谷的人都一门儿清。

这其中，也会围绕特定的地点进行专项覆盖，比如围绕专卖店周围，围绕某个连锁的 A 类店周围。

印象最深的就是围绕西安北大街专卖店附近的公交车上发放。一般选择每周六和周末，因为北大街正好是公交枢纽，公交车都是排着队一批批进站，所有人从公交车前门上去，给车厢里的人挨个发放。最有意思的是，公交车司机只要看见穿西服、打领带、手拿手提袋的，都会自动停车，等着人上去后，再慢慢往前开，等你发完后，停车让你从后门下来。

所以，北大街那一带就流传了一个谣言，说世界绞谷那帮人和公交公司有关系，所以司机才会那么配合，说得更准确一点的，他们都能说出是公交公司的具体哪个领导，说得有鼻子有眼，要不是你真的身处其中，还真的就相信了。

其实，根本就没有任何关系，别说公交公司领导，连司机也不认识，只是每次上车发放手提袋时，都会给公交车司机一个，上车和下车都打声招呼，说声感谢，真相就这么简单。你还别说，后来不少公交车司机成了绞谷茶的忠实用户，因为他们一天能收到好几个手提袋，里面都有两袋茶，大家就回去喝，很多人的便秘问题就这么喝好了，转而成了忠实用户。

"虎头奔"就这样周而复始地干了一年多，累计向公众发放了 400 万例"虎头奔"，世界绞谷的知名度和美誉度，就这样逐步打开了，没有任何诀窍，就是这么实实在在地苦干出来的。

所以说，这是一个最坏的时代，聪明的傻子越来越多；这是一个最好的时代，傻傻的坚持越来越有价值。

在雨中等了一天

谢天是世界绞谷的联合创始人、研发系统的负责人，从政府辞职下海，是一个办事非常严谨和认真的人。在产品中试阶段，为了确保产品质量达到最优效果，在灭菌消毒这一个环节，他就费了不少功夫。"食品安全大于天"，尤其是保健食品这一块，其安全级别又远远大于普通食品。

灭菌消毒对保健食品来讲，是非常重要的一环，国家也有相关的非常细致的标准及要求，世界绞谷的标准是，各个环节能用最好的一定要用最好的，因为归根到底，产品力决定了企业的生命力。

经过多方打探，有一家企业，拥有灭菌消毒方面在全陕西省最先进的设备，不巧的是，这家企业还带有军工背景，是一家军工企业。因为也不认识这家企业的人，但为了能与这家企业达成合作，谢天就采用了最直接最简单的办法，就是在门口等，看能不能碰到这家企业的人。

因为这家企业的军工背景，一般人根本就不让进。那天，天公不作美，又下着雨，谢天就打着伞在门口等着，终于，有一辆车进去又出来了几趟，车上的人看到这个人怎么一直打着伞站在门口？就下车询问情况，谢天把来龙去脉和对方讲了一遍，对方被谢天的这种精神所感动，答应帮忙给介绍一下，他是这个企业的老客户。就这样，才和这家军工企业建立了业务关系。

谢天也用自己的执着，用自己在雨中一天的等待，换来了绞谷茶的好品质。

在世界绞谷，大家就这样心存敬畏地工作，就这样时时刻刻以创始人、以唯一主人的身份在工作，这种扎实的作风，从创始人开始，由上而下传染着，让世界绞谷的每一个人都具备了独特的气质。

重庆桐君阁董事长黎涛曾经评价道："世界绞谷的人是我见过所有厂家中最敬业的，其他人我不清楚，你们重庆分公司的老总任俊就非常敬业，我们内部开会还经常说要向世界绞谷学习！"

凌晨三点的读书计划

公司有位同事叫琳达，端庄大方，工作认真负责，一直在专卖店工作，不论是收银还是销售，都做得非常好，没有出现过任何差错。

因为家庭的一些原因，琳达有段时间患上了严重的精神疾病，需要吃大量的药物治疗，但是这个药物有个严重的副作用，就是喝了以后容易犯困打瞌睡。

她是一个极其珍视工作机会、极其热爱学习、追求上进的人，为了不影响她的学习计划，她采取了一种非常人的读书计划。每天八九点专卖店下班后，回家吃完饭就吃药，然后开始睡觉，把闹铃定到凌晨三点，然后起来读书或者写读后感，就这样坚持自己的读书计划，从没有落下一本书的阅读和一篇读后感的撰写。

公司文化系统负责人王婕，家里还有两个孩子，每天下班回家后，要先做饭和辅导孩子写作业，等孩子写完作业安顿睡了觉，一般都到了将近晚上十二点，自己才能抽出时间来读书，即便这样，从来没有落下任何读书计划。

在世界绞谷，每个人都以创始人的要求来要求自己，不敢有丝毫的懈怠和放松，因为大家深知，工作就是人格，学习就是改变命运的唯一筹码，只有不断的进步，才能适应公司的高速发展，才能适应社会的快速进步。

附：精神病的背后
2016 年 8 月 23 日

对于琳达的情况我一直想做个小结，一直没有进行的原因，就是因为她是我的亲属。但是，一直到我们这次的人力资源复盘我才提及这个事情，作为非常真实的一个案例来展示一个人对价值的渴望，来展示一个人对自我的

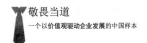

不放弃。

关于她的详细情况我们很多老同事都知道，她一路走过来并没有放弃自己到今天，这里面到底克服了多少生理及心理上的困境，我们只是想象，根本就无法体会。毕竟她是在服用大量的精神病药物期间，没有停止工作。曾经有一段时间病情有复发的趋势，我最终下了狠心，专门和家人商量，这个阶段一定不能让她闲下来，越闲越麻烦。于是，我就要求她不能停止工作，必须通过高强度的工作来转移她的注意力，以此来帮助她逐步康复。

琳达这个案例的价值在于，不但她没有停止工作，更重要的是她没有停止学习。在门店一站就是一整天，回家第一时间就是吃药和睡觉，半夜再爬起来完成自己的学习任务。我始终认为我们的人力资源的核心就是精气神，我们正需要这样的人对我们基础人力资源进行盘点和梳理，对我们的基本价值系统有一个素描。

曾经的琳达，连最基本的正常生活的愿望都不能得到满足，也就是说曾经有相当长一段时间她没有像一个普通人一样生活。昨天胜利问我怎么才能办好事，我告诉他苦透了，自己就用心了。当琳达苦透时，只想像个正常人一样活着的欲望被点醒之后，她自己让自己走出了这么大的人生误区，并且始终坚持高标准地完成自己的工作。

真心英雄，非她莫属。

我们需要琳达这种痛击病魔的精神，当然我们更需要更多不放弃自我价值的人，我们最需要那些愿意认真改变自我的人。

如果你是她，你会怎么样？

彻底休息？

休息？

5 分钟 10 位新人凑出 22 万

　　10 位入职不到半年的员工，当得知公司需要一笔资金周转时，毫不犹豫，仅用了 5 分钟时间就凑出了 22 万，这种举动放在任何一家公司都可以称得上是壮举。这背后需要极强的信任度和向心力，需要极强的公司文化作为融合剂。

　　这样的事情，在世界绞谷就真实发生了。2015 年 8 月份的一个晚上，因为第二天需要 60 多万周转，公司账上只有 40 万，还需要 20 万，时间已经是晚上 8 点多。这时候，不知道谁说了一声，我们大家一起凑凑吧。于是，还在加班的 10 位同事，开始想办法，自己的积蓄，向朋友借，各类网上贷款平台等，5 分钟时间就凑出了 22 万，帮公司解决了燃眉之急。

　　这就是世界绞谷的企业文化，有一种神奇的能让人迅速融入的力量。创始人常说，在世界绞谷没有任何秘密。很多涉及公司运营、财务、成本核算等方面的内容在其他公司看来都是高度机密的事宜，在世界绞谷都可以向员工敞开，这本身也体现了公司创始人的一种大格局，体现了公司的高度开放和透明。同样，每一个同事也对公司报以高度的信任，时时处处以公司的利益为重，时时刻刻以"人人都是创始人"来要求自己。

　　中国企业在对待员工问题上，常常陷入三个误区：

　　一、把员工当外人甚至是当敌人。时时刻刻设防，处处有警戒线，生怕员工知道的太多。这是公司秘密不能说，那是公司顶层设计你不需要知道，让员工没有归属感，当一天和尚撞一天钟。"生活就是一面镜子，你怎么对他，他就怎么对你。"你把员工不当自己人，员工一样不会把企业当家，所以我们更多的时候，先不要抱怨为什么员工不把企业当家，首先要问自己为什么没把员工当家人。

　　二、把员工当成本。有这种误区的老板，其认知水平还停留在工业化时代甚至是农耕时代，认为一个人要领工资就是很大的成本，给企业带来的是负担，对企业而言，能少用一个人就少用一个。恰恰相反的是，人是一切的核心，人不是成本是资本，真正把人的潜能激发出来，创造的价值根本不能用金钱来衡量。

三、把员工当工具。这种用人方针，把人当成一个机器来看，会极大地扼杀人的主观能动性，企业会失去创新的活力。就像富士康一样，在人力资源便宜的时候，人的成本低于新建一条自动化流水线的成本，把人当工具使用，这样的企业是毫无未来的，不论富士康现在有多大的规模，现在富士康又是在人力成本更低的东南亚建厂，又是上机器人生产线。在人力成本更低的地方建厂，在非洲建厂后就是终点。上机器人生产线，这就是富士康被颠覆的开始，机器人生产比拼的是机器人的智能化和现代化，这不是富士康的优势。

相反，员工绝不是工具那么简单，他们拥有想象力和创造力，是价值创造者，这才是核心。富士康上百万被当做工具的人也抵不过腾讯一个张小龙创造的微信价值大。

一口气砸了 14 台电脑

"人人都是创始人"，说起来容易做起来难，世界绞谷一直倡导和践行这一理念，但并不代表就做到了，就像我们伟大的党提出的"作风建设永远在路上"一样，"人人都是创始人"也永远在路上。

"人人都是创始人"，它包含丰富的内涵，包括人的觉醒、人的认知、人的行动、文化的形成和传承、价值分配等诸多方面，绝不可能一蹴而就。

其实，每个人通往优秀和卓越的道路就是一个斗争的过程，当松懈、懒惰、意志薄弱袭来时，需要自己或者外力进行纠正，然后前行一阵子，过段时间，可能又有回头的迹象，然后再纠正。这是一层含义，还有另外一层含义，就是随着你境界和海拔的不断提高，你要不断地通过外力和自我修炼进行提升，上一个台阶要提升一次。

创始人有句话："进步是螺旋式上升，但退步一定是断崖式下降。"非常有道理，进步一点点都要付出极大的努力，但要想倒退，非常的容易。就拿学习来讲，一个离职的同事讲，在公司时还可以跟着集体的步伐一月看上几本书，自从离开公司一年以来，别说一本书没看过，一篇正经文章也没完整读过。

2015 年 7 月 2 日，是世界绞谷三季度市场工作会议，下午会议定在 3 点召开，结果 3 点到了人还没到齐，人到齐接上投影仪后半小时没人去接电脑，每个人都瞪着眼睛等着其他人去接。更为气愤的是，就在上午，刚刚召开了"关于主动性与水平"为主题的会议。创始人面对这种现状，感到悲哀又可气，一声令下，命令所有参会人员把自己的笔记本电脑砸掉，就这样，14 台笔记本电脑全部被砸掉了。用这种极端地砸电脑的方式是想让所有参会人员记住今天的耻辱，记住今天的教训，记住要学会长记性。

为了让所有人记住今天的耻辱，记住这与"人人都是创始人"相违背的可耻行为，公司专门组织进行了拍照，文化系统专门就此做了一期价值观检视专刊——《良知》，所有人都做了深刻的检讨。

图 2-3　砸电脑是要砸醒人脑

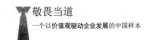

这只是在建设"人人都是创始人"过程中的冰山一角，所有以价值观和文化驱动的企业，其建设过程都是异常艰难的，中间会经历很多曲折与困苦。

2017年春节前，华为按照惯例要召开节前座谈会，据说，座谈会上的发言有三类，一是邀功请赏型，二是指鹿为马型，三是避实就虚型。结果，在座谈过程中，任老板就忍无可忍，怒吼道："还过个屁年！"可想而知，对华为这么一家一直强调艰苦奋斗和务实文化的企业，这样触犯底线的发言让任老板是何等的生气。

马云也有两次经典的发飙事件。一是听公司一个培训讲师给新员工培训"梳子卖给和尚"的故事，当场就发飙并开除了这个培训师，诚信是阿里巴巴的核心价值观，这种欺骗忽悠式的客户开发，是马云不能容忍的。

第二件事就是著名的中国供应商欺诈事件，马云挥泪斩卫哲，事后马云说，阿里巴巴绝不会沦为一家仅仅只会赚钱的机器，让天下没有难做的生意才是公司的使命。

这些爆出来的发飙一定都是冰山一角，对一个偌大的企业而言，核心创始人就是价值观的最后守卫者，他时刻守卫着一家公司的核心精神价值。

世界绞谷对团队建设的艰难性，有充分的思想准备，因为人的转变和提升，也是一个长期和渐进式的过程，绝无可能一蹴而就。

附：砸了我自己

2015年7月2日

当时，我们确定绞谷品牌口号为"世界绞谷　中国国宝"时，我就知道这句话的真实份量。按通俗意义上讲，口号一般意味着目标，一般意味着努力的方向。

世界绞谷的基础投资额在不断提升，当然这种提升的幅度在董事会的预料之中，因为我们要用三年时间做其他同类企业五至十年要做到的事情，这些事情可能对于很多同行来讲终生都不会去做。因为我们要立足于用三年时间建立起扎实、系统的竞争力系统，其中的关键就是具备独立性的知识产权，我们需要以 GMP 工厂为载体去做大量的基础工作，全国样板市场打造、GMP 工厂、农业产业化龙头企业推进及产业园的基础建设等全部投资都聚集在本年度，未来五至十年的基础投资都积聚在今年。

当妈妈在高利贷上签字时，我告诉自己，一定要让您们在过世之前看得见一些伟大的东西，让您们一定觉得自己在这个世界上没有白走这一趟。

当我在世界绞谷第三季度市场工作会议上，以三个小时去讲述"以六大核心价值观全面驱动世界绞谷发展"时，我知道我们真正的攻坚克难开始了，因为我们集体开始以看不见的东西来挑战自己，挑战我们的一切，因为我们已经开始不再谈股权。

当我在上午的会议上讲述了四个小时之后，当我再次费尽心力讲述那么多心里话的时候，我以为我们整体开始慢慢觉醒了，我以为有些人听懂了。

当我会议后宣布下午三点准时开会时，我以为大家都会准时到。

当我连续两次在会议室说："接上投影仪"，坐了那么多人在众目睽睽之下都没有人接上电脑时，我等了所有人整整 30 分钟。这 30 分钟里，我的脑子里快速回放了过去两年我能想起的一切，我能想起对大家的一切承诺。更重要的是，我想起了我自己的愤怒，我不愿意在这种醉死梦生中沉沦下去；我更不愿让自己在大家连续两年的书面承诺中沉沦下去。

我决定砸了我自己，我决定让我继续更加清醒。

砸了我自己，这是我送给自己的生日大礼，我再次告诫我自己，理想真是奢侈品，再次警示我自己，民营企业的三道关：分银两、排座次、论荣辱，还远未到来。在这 30 分钟里，我想到了如果分银两时，我们的这种惰性一旦开始被激活，世界绞谷第一个轮回就全面展开了，我们的第一拨淘汰就开始了。

2015 年 7 月份，是世界绞谷征途中具备根本性转折点的一个月。

从这个月起，我们停止了一切对人的假想；

从这个月起，我们停止了一切对人的劝说；

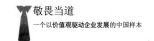
从这个月起，我们开始了系统性优胜劣汰；

从这个月起，我们开始了体系性优化重组；

……

砸了这么多电脑，我觉得我们的觉醒很廉价，因为如果这14台笔记本电脑和一台投影仪就可以让这么多人获得新生，可以让世界绞谷重生的话，这一定是有人类以来最大的投入产出比。如果砸这么多电脑，就可以让一个企业上更高的台阶，那么全球企业界一个月内肯定会诞生数万家专业的砸电脑公司，以挽救更多的企业。我们不要忘记了，太多的企业清盘之时，电脑远比14台要多得多，但是最终连砸的人都没有了，连砸的勇气都没有了，连砸的价值都没有了，连砸电脑的幻想都没了，一切都没了。

所有被砸的电脑，我个人都会逐一赔付苹果电脑，但不是现在。但是，如果你没有离开，我就不赔了，我们就以此作为相互的念想，作为我们老的时候相互慰藉的载体之一吧。

因为我砸了我自己。

附：砸醒了吗？

2015 年 7 月 2 日

2015年7月2日，在华誓控股的发展历史上，一定是一个值得铭记的日子。

这一天，对很多人来讲，一定会铭记一生，也许就此会彻底唤醒一个人，彻底让一个人脱胎换骨；这一天，也应该是全体系最值得铭记的一个日子，这一天，我们用砸电脑的行动彻底地砸出一个精英主义，彻底砸掉奴性思维，彻底砸出一个人人争当主人翁的良性企业文化氛围来。

真的听懂了吗

2015 年 7 月 1 日，华誓控股 —— 世界绞谷召开了 2015 年度第三季度市场工作会议。2015 年 7 月 2 日上午，省级老总、办事处经理及核心骨干召开专项闭门会议，创始人就现阶段"每个人身上存在的问题及需要克服的人生障碍、处理事情的水平、理想与素质的匹配"等专项问题，进行了 4 个小时的讲解。大家都纷纷表示又上了一堂精彩的人生课，要用实际行动践行。

结果，计划下午 3 点召开的会议，时间到了，会议室却没有进人，每个人都等着有人喊自己。等进了会议室后，投影仪打开了，却没有人主动去接电脑，每个人都等着别人去接，都等着有人安排和指示，半个小时内，投影仪愣是没有与任何电脑连接上，所有人都等着。

在前一天刚刚开完三季度市场会议；在今天上午刚刚开了 4 小时的关于主动性的会议；在世界绞谷不知开了多少场会议、上了多少堂课、马上迎来 2 周年之际；在每次开会大家都纷纷表示听懂了频频点头、频频表态；在世界绞谷进入第三个百日攻坚战，也是最艰难的一场战役的时候；在创始人为了事业出售自己及亲属名下 7 套房的时候。我们以这种思维、这种状态、这种行为去奔赴各地做市场，后果会是怎样？

我们确定，每次会议、每次讲话真的听懂了吗？

人脑不长，要电脑何用

面对这荒唐的一幕，创始人愤怒了。难道这就是人人自诩精英的所作所为吗？难道这是刚刚开完会应该呈现出的状态吗？难道这是带了几年的队伍所应该表现出来的基础素质吗？

所有参会人员的笔记本电脑，都被勒令拿到会议室砸了。人脑不长要电脑有什么用？

所有的电脑在会议室砸了个稀巴烂，并收集到桌面上，每个人都在跟前拍照做纪念，作为《华誓胎记》及《个人胎记》的序，以此警醒全体系的每一个人，再这样下去，我们就没有任何希望，我们的事业就没有任何希望，我们的人生就没有任何希望。

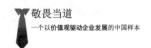
心魔不除，万病难消

毫无疑问，华誓控股是一家"家文化"非常浓郁的公司，每个进入公司的人，不论在公司待的时间长短，都会得到如家人般的照顾，得到细致周到的保姆般的呵护。"家文化"本身没有错，公司对每个人的细致呵护更没有错，正常逻辑应该是每个人都应该真正在这种氛围下成为"家人"、"主人翁"，用更加积极的主动性来与"家文化"进行积极互动。

但需要警惕的是，我们每个人都像被宠坏了的孩子，丧失了基本的生存能力，失去了积极进取的主动性，形成了饭来张口、衣来伸手的恶习，在一个倡导精英主义文化的环境里却成了被动性思维裹挟的奴隶。

一、被动性思维依然是大多数人的主导思维

被动性思维有以下几个显著特征：

比如，万事"等"、"靠"、"要"，总是期望别人赐予什么东西，而不是自己主动去创造和争取；

比如，没有主动性，总是等着被安排、被计划，等着别人安排工作；

比如，万事需要别人做主，没有担当精神，没有创造性，怕犯错误；

比如，盲从性强，没有主见，不敢鹤立鸡群，遵循中庸主义；

比如，希望互相揭短和攻击，以求通过贬低别人而抬高自己……

我们可以检视一下，以上五方面的特征，我们具备了哪几条？难道我们要一直像一个奴隶一样被动、呆板、卑微地活着？

二、患严重的幼稚病，心存侥幸和幻想

我们嘴上说世界绞谷是这辈子最后一次机会，但行动中却没有表现出来，

总是心存侥幸和幻想，患严重的幼稚病，具体表现为：

比如，认为自己很年轻，未来有的是机会，进而不珍惜眼前的一切；

比如，认为自己很优秀，自己一定会有个好前程；

比如，认为社会很美好，机会一大把；

比如，认为自己朋友多，人缘好，有困难一定会有人帮助；

比如，认为自己过去有丰富的经验，不愿改变自己，认为过去的好使……

实际情况是，我们上述的认知，都在冰冷的社会面前显得单纯幼稚，都在一次次的碰壁中灰头土脸，都在过去失败的人生中一一得到验证。

三、投机思维重，总想背靠大树好乘凉

我们有部分人，觉得绞谷是个机会，觉得跟着走下去一定能有巨大收获。这本身没有错，每个人都希望有个好的未来。问题的关键是，你是顶着干下去，还是浑水摸鱼混下去？

背靠大树好乘凉的前提是必须有棵大树，我们现在是处于要造一棵大树出来的阶段，如果每个人都不愿出工出力，都等着别人去种树浇水，好让大树长出来自己去乘凉，这样的大树能长出来吗？

组织也好，平台也好，它巨大的价值是，每个置身其中的人要倾尽全力去建设搭建这个组织和平台，组织和平台反过来又成为一个个具体的人的"保护伞"。组织和平台建设不起来，都想搭别人的顺风车，何来的"保护伞"？

电脑砸了，很多人都心疼，因为里面存有很多数据和资料。

但是，如果人醒不了，所谓的数据和资料有什么用？

如果人醒不了，再好的产品我们能运作了吗？

如果人醒不了，再好的市场我们能操作了吗？

如果人醒不了，再好的未来是我们的吗？

电脑砸了，砸醒我们了吗？

世界绞谷的分红制度

在世界绞谷，"人人都是创始人"绝不仅仅是一句口号，除了不断努力打造每个人的创始人状态和主人翁行动之外，分红制度是走在最前列的，永远也不要梦想只让马儿跑不给马儿吃草的情况。世界绞谷从创立之初，就旗帜鲜明地确立了分红制度。

图 2-4   世界绞谷成员参加分红签约大会

在世界绞谷，分红制度分几个层级，依据所在岗位和职位不同，可享受不同级别的分红。最低一级是分公司层面的分红，分公司经理及分公司团队，可拿到当年利润的 30% 甚至更多的分红，分公司的每一个人依据职位、岗位和年限等均可拿到不同数额的分红，总部人员、分公司经理还可以拿到公司的分红，分公司经理、部门总监、副总裁等依据相关考核还可加入到集团公司的分红行列，经董事会批准优秀者还可以转成法律股享受长期分红。

所以，世界绞谷所说的"您看到的绿领带都是世界绞谷的股东"绝不是一句空话，即便他是一个最优秀的基层人员，他同时也享有对应层级的分红。

创始人说，我从来都是把员工看得很重的一个人，只要公司能做成一家伟大的公司，即便是我的股份稀释到 1% 我都愿意。了解他的人都知道，他不论在什么阶段，从来不考虑钱的事，挣几千块钱工资的时候，也是该花就花，挣几千万的时候，也是到处散钱，把以前对他有恩的人都安排了一个遍。

"钱不能解决所有问题，但能解决基本问题。" 对想创建一家伟大的公司而言，全面分红制度仅仅是一个标配，并不会因为你全面分红了就一定能伟大，对人的凝聚和激发是永恒不变的主题，钱只是其中的一个基本手段。

9 个 100 万理论

在成为创始人这条通往精英的路上，创始人提出一个非常简单的判断标准，就是"九个一百万"标准，即挣过一百万，花过一百万，亏过一百万，借过一百万，分过一百万，送过一百万，捐过一百万，学过一百万，直至最后能形成"一百万的信任度"。

挣过一百万，证明你挣钱的综合能力，同时也说明了你对挣钱过程中的世态人情有一定的了解，你会更加谦逊，更加能体谅别人。

花过一百万，证明你有综合处理和使用金钱的能力，对资金及资金的使用建立起了基本框架。

亏过一百万，初步考验了你的承受能力，考验了你的基本心理素质。

分过一百万，你赚钱后给相关人员分过一百万，从某种程度上说明了一个人的胸怀，验证了他的公正之心，以及舍得精神。

借过一百万，真正客观地证明了你的价值，也让你真正地体会到什么是世态人情。

送过一百万，有没有回馈过曾经帮助你的人一百万，这考验一个人是否有感恩之心，是否有良知，也决定了一个人能走多远。

捐过一百万，做公益、做慈善捐过一百万，看的是一个人的格局气度以及社会责任感，只有深具社会责任感和历史使命感的企业家才能真正做大。

学过一百万，有没有为自己的学习投资过一百万，为自己学习负责的人，一定是个对自己高度负责的人，这也是成就一切的基本条件。

最后，所有的一百万都可总结成一个一百万，那就是"一百万的信任"，不论何时何地，能不能在关键时刻别人无条件地借给你一百万，也就是说你在别人眼里有 100 万的授信，有 100 万的偿还能力。反过来也成立，人总得有几个不论何时何地愿意无条件地借给他 100 万的兄弟，什么时候可以达到这个条件，那你可以骄傲地告诉自己，我已经步入了精英的行列。

第 3 章

人的价值论和事的方法论

一个企业的发展壮大是伴随着人的价值论的放大和事的方法论的完善。

核心价值观不是口号,它要内生于心、外化于行、活化于人。

一个在日常工作中尽责的人,才可能在关键时刻尽责。

为活人哭,为死人笑,才是正确的孝道。

中国企业步入文化驱动时代

从全球范围来看，凡是卓越的企业都有非常优秀的企业文化和价值观。可以这么说，凡是伟大的企业，都是真正有理想、有追求、有信念的公司，它的追求是创造世界甚至是"改变世界"，正如谷歌和苹果。

中国企业因为历史原因起步较晚，但我们欣喜地发现，越来越多的公司的诞生，都不把公司定位为挣点钱，而是拥有更高的价值追求。这一切的背后，其实与社会整体的经济发展水平相关，经济发展到一定程度，同时也意味着整体国民素质提升到一定程度，企业家的视野、见识和境界也提升到了一定程度，这就好比一个人一样，在吃不饱饭的时候，你再和他谈理想都是对牛弹琴，所谓"穷山恶水出刁民"。但随着他生活水平的不断提高，他才有可能追求除物质之外的文化、艺术方面的追求。

国际上也有这么一条经验，人均 GDP 达到 6 000 美元，这个国家就开始批量诞生世界级的品牌，中国在 2012 年达到了这个水准，所以我们发现，也就是近几年，中国企业开始在国外"兴风作浪"，开始了全球化的征程，万达收购国外电影院线、体育等企业，复星收购国外的保险、酒店、娱乐等行业的品牌，更别提一直在海外市场势如破竹的华为。

诚然，能在不同国家、不同民族、不同人种、不同文化背景下开疆拓土，这背后最重要的是整合，收购一家外国企业简单得很，收购后的整合才是关键。整合的关键是什么呢？就是作为母公司的文化，拥有一整套卓越的极具张力和包容性的文化，是去整合其他国家公司的关键。

为什么早些年中国公司的跨国收购很多都以失败告终？其中最重要的原因就是自己公司的文化还没有成型，根本不具备整合别人的能力。最经典的案例就是 TCL 收购法国汤姆逊公司，此收购发生在 2004 年，彼时 TCL 的企业文化也谈不上有多成熟，拿什么去整合别人？ 收购时资金是关键，整合时文化是关键。

人的价值论和事的方法论本质上是一回事

《华誓基本法》总则里讲，一个企业的发展壮大是伴随着人的价值论的放大和事的方法论的完善。

世界绞谷的成长就是紧紧围绕"人的价值论"和"事的方法论"两大主题推进，其中，"人的价值论"部分，即如何不断放大人的价值，主要是通过不断践行敬畏文化和六大核心价值观来实现的。"事的方法论"方面，则通过以"专注度"和"责任感"为总方法论，不断完善做事的方法来实现的。

打破砂锅问到底，"我们再往祖坟上刨"，其实，人的价值论和事的方法论本质上是一回事，或者说是一个硬币的两个方面。

做事的方法是人想到、做到的，人是通过做事体现价值的，二者不可能完全割裂。怎么判断一个人有价值，一个人厉害？就是交给他一件事办成了，交给他另外一件事又办成了，所以对一个人的价值判断，归根到底是通过做系列事情后的综合判断。现在马云是最受推崇的企业家之一，主要是马云把阿里巴巴做成了，我们不妨设想一下，如果马云没有把阿里巴巴做成功，那一定会被人说成"骗子"。

怎么判断一个事的方法好用呢？显然不同的人做，会有不同的结果。起步差不多、业务模式差不多的京东、易迅和新蛋，前者成为了呼风唤雨的新生代网络巨头，而易迅则并入腾讯后被京东接管，新蛋网则泯然众人、不死不活。

人的价值论和事的方法论，是一个高度统一、高度协同的混合体，你中有我，我中有你，是不能割裂的一个整体。这也提醒我们，对人对事的判断，要从两个维度去思考问题，人怎么样？方法怎么样？人和方法匹配吗？

不一样的六大核心价值观

世界绞谷自创立之日起，就确立了以文化及核心价值观驱动的企业发展模型，公司确立了以敬畏文化为根脉的六大核心价值观，并不断地践行和完善，不断打磨着属于自己的一套文化体系。

在敬畏文化的基础上，衍生出六大核心价值观，分别是**"父母心"**、**"学习力"**、**"子弟兵"**、**"齐分享"**、**"共成长"**、**"健康行"**，并紧紧围绕这六大核心价值观，做了很多落地考核的举措及办法。

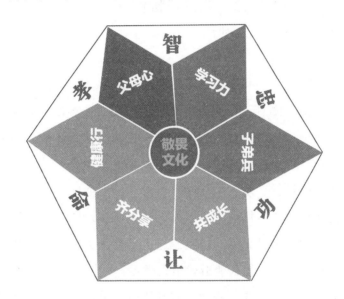

图 3-1　世界绞谷六大核心价值观

世界绞谷的使命是"让全人类更健康、更轻松和更有价值"，世界绞谷的愿景是"用二十年时间，成为一家核心价值观清晰、拥有广泛影响力和深具社会责任感的个人健康消费金融平台"。

马云说："价值观都是考核出来的，不考核的价值观都是骗人的。"在阿里巴巴，在员工的考核中，价值观与业绩的考核各占一半。价值观践行得好没有业绩不行，有业绩价值观践行得不好也要淘汰。

马云对使命的解读也非常有意思，不妨拿出来与大家一起分享。马云说："使命在生死攸关、重大利益抉择面前才会发生作用，平时没有什么用，都是拿出来忽悠人的，使命不是写在墙上给别人看的，是你骨子里的东西，使命不论公司大小都应该有。"

一个公司一旦有了所有人认同的发自内心愿意去践行的企业文化，就像一个人有了高贵的灵魂一样，志存高远、心无旁骛、行动坚定。

附：我们的梦想
——我们的使命、愿景与价值观
2016 年 10 月 28 日

三年了。

我们突围了很多困难，我们也将面临更系统的艰难，毕竟实现梦想是艰难的事情，当然也是塑造价值人生的过程。我始终认为，梦想和空想还是有本质区别，梦想一定要有清晰的使命、愿景和价值观来支撑，否则我们就很难实现一个伟大的目标。从这个层面来讲，精神层面的追求会让我们的人生不断升华，会让我们逐步摆脱物质层面的诱惑，毕竟物质层面的需求是有限的，而精神层面的需求是无限的，我想这也是整个人类社会不断进化与发展的动力，否则简单的吃喝怎么能造就出人类呢？

这三年从时间段上完成了我们华誓控股基础战略模型，并完成了世界绞谷全产业链的基本布局。我们确定世界绞谷作为我们的源点产业，就意味着我们要从世界绞谷的发展过程中形成系统的价值论和方法论，而价值论和方法论的核心就是我们的使命、愿景和价值观。我们必须系统解决我们的价值沟通与价值表达问题，即系统解决为什么、怎么做、做什么的问题。这三个问题由内及外的系统回答与表达将从根本上解决我们世界绞谷的发展动力问题，这也是我们在三年一小步结束之时需要系统回答的问题。

我们的使命是什么

所谓使命就是要解决为消费者乃至社会所创造的价值，我们要向我们的消费者、客户以及员工进行表达，让更多人认同我们的信念，从根本上找到精神理念一致或者相近的人以及组织。

对于华誓控股而言，我们的使命就是我们需要在未来的控股层面找到健康产业和金融产业的结合点，利用现代科技让更多人的健康消费更轻松、更有价值。我们世界绞谷的使命就是：我们需要通过全球首款健康茶饮让更多的人健康养生，让更多的人有精力去创造属于自己的独特价值，从而为整体社会的价值最大化做出自己的贡献。

也就是说，我们在未来的金融整合会限定在个人健康消费金融相关的产业领域，我们只为人类的健康金融消费提供最便捷、最系统、最轻松的生态整合系统。我们的一切产业整合都只会围绕健康产业来进行。个人消费金融一定是这个世纪最为主流的金融领域，而个人健康消费金融一定是这个领域最有价值的领域。我们需要以世界绞谷为载体进行个人健康消费金融的深度布局与整合，我们不会简单停留在单一的茶饮产业上，我们需要更系统的金融未来，我们为更多人的健康生态投资与消费服务，让更多人能够更科学地进行个人健康投资与消费。

无论是控股公司，还是世界绞谷，让全人类更健康、更轻松、更有价值是贯穿我们未来的核心诉求，当然这也是我们的使命，也是我们源源不断的奋斗动力。

我们的愿景是什么

所谓愿景就是我们对商业价值追求的奋斗目标。

对于华誓控股而言，就是要成为全球范围内最杰出的生态型个人健康消费金融企业，让不同国家、不同种族、不同地区的人都能通过这一全球性生

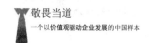
态型健康消费金融平台来受益，能够在这全球性体系内实现一站式的健康金融投资与消费。

对于我们世界绞谷而言，就是成为全球茶饮养生专家与领导者。通过我们的艰苦奋斗，最终实现世界绞谷的愿景。

过去三年的实践告诉我们，绞谷品牌的广普性与适应性，完全能够实现我们与更多人、更多消费者的深度沟通，无论从消费者还是到产业相关性都足以承载我们源点产业的定位与价值。一款形态具有广普性的单品能具备如此多的功能，能够被全人群接受，这本身就是一个奇迹。过去我们曾经强调过，无论天时、地利都具备成就这一世界级品牌的基础，接下来就是要通过不断的组织优化来不断升级我们的队伍，不断实现我们的战略分解目标。我们需要清晰地向我们的员工、投资者、客户乃至所有利益相关者表达我们的使命，我们需要从内生、外化两个视角去解决这个问题，而今天的时间点就是我们要从内生向外化的过渡点，我们需要更系统地表达载体向所有的战略合作伙伴清晰地描述我们的品牌愿景，我们需要共同成就这一世界级的品牌。

我们的价值观是什么

所谓价值观就是强调做人做事的原则和理念，用以指导我们的日常行为规范，我们需要内外兼顾地传播和共享。

"父母心、学习力、子弟兵、齐分享、共成长、健康行"作为我们六大核心价值观，将系统地衡量我们的日常行为规则，这是我们日常作业的标尺，也应该逐步内化为我们的人生信条。我们要明白，原则的树立与践行都是异常艰难的事情，因为很多时候原则都是和人欲相克的，准确地讲遵循原则会让人很不爽。

我们梳理这六大核心价值观真正做到每一项都很难，因为很多时候考验我们的都是无形的时刻，都要靠严格的自律去实现，都要靠克服自己的很多弱点，都不是简单用钱可以解决的。价值观本身就是一个人社会化的过程，都是塑造具有高价值的过程，不是我们头脑发热可以解决的。我们都可以认真检视一下我们在过去三年践行价值观的真正收获，我们该系统地直视自己了，毕竟三年都已经过去了。

梦想意味着毕生的坚守与打拼，空想意味着想想就过去了。对于我们来讲，我们希望打造一个全球性的杰出组织，更多层面地实现我们的社会价值，因为只有把组织高度社会化才能不断实现我们的精神超越，不断感受到信念和价值的意义。

让全人类更健康、更轻松、更有价值，这是我们华誓控股以及世界绞谷的使命，我们需要从世界绞谷做起，让更多人受益，让更多人更有价值。

更健康吧，因为这是一个更有价值的世界。

内生于心，外化于行，活化于人

在世界绞谷，关于企业文化和核心价值观，有十二字的指导方针，**"内生于心"**、**"外化于行"**和**"活化于人"**。

非常巧合的是，在核心价值观的建设以及指导方针上，世界绞谷与政府提出的社会主义核心价值观，时间点惊人的吻合。

2013 年 12 月 6 日的会议上，世界绞谷正式提出了五大核心价值观"父母心"、"学习力"、"子弟兵"、"齐分享"、"共成长"，后来又补充了一条"健康行"，同时公布了 12 字的指导方针。

2013 年 12 月 24 日，党中央公布了《关于培育和践行社会主义核心价值观的意见》，正式在国家、社会和个人层面确立了 12 条核心价值观，并且在后来的推广中也使用了诸如"社会主义核心价值观要内生于心、外化于行"的宣传标语。

内生于心，扎根于内心的认可

价值观是基于人的出身、经历、认知、理解等形成的对人和事物的价值判断，简单地说，就是你认为什么东西有价值。这看似是个虚的东西，其实是个非常实在的问题。

所谓"物以类聚、人以群分"，从最基本的说，为什么很多夫妻会离婚？为什么城市女不愿意嫁凤凰男？很重要的原因就是价值观不一样。城市女认为两个人在星巴克喝杯咖啡很有情调，凤凰男则认为太费钱，买包雀巢咖啡回家想咋喝就咋喝。你认为下班后看本书提升一下很有必要，人家认为下班后逛逛街、夜市撸个串才是生活，这两类人肯定成不了朋友。

所以说，价值观相同和趋同的一群人在一起，才会产生聚合效应，才会干成更大的事。否则，你往东，他往西，不但不能助力，还尽是反作用力，还不如自己单干。这也是越来越多的企业越来越重视价值观的原因。

价值观不会是一成不变的，随着人的地位、身份、境遇、经验等的转变，价值观也会随之改变，所以说，价值观是可以培育的。对公司而言，能找到本身价值观就趋同的人进入公司是最美好的事情，如果不好找，找一些人进入公司进行培育也是可以的，从这个角度讲，为什么很多公司都喜欢招聘刚毕业的大学生，那是因为从价值观培育的角度，他们没有受到其他社会和其他公司的"污染"，更容易进行培育。

总之，不论怎样，在一个公司，拥有一群价值观内生于心的人，是事业成功的关键。

外化于行，做出来的才是真价值观

"内生于心"其实是很难考核的，更多的是通过语言表态进行判断或者事后倒推才知道的。真正对价值观的践行，"外化于行"是最重要的，真正做出来的才是真价值观，才是你真认可的东西。比如说，你说你认可"你的形象价值百万"，但你就是不愿意好好地捯饬自己，那说明你还是不认可；你说你认可学习力就是竞争力，但你就是一年读不了几本书，那你对学习力的认可就是骗人的。

当然，我们必须清醒地认识到，从"内生于心"到"外化于行"，也不能庸俗化地简单理解。确实存在这么一种情况，我发自内心认可一种价值观，确实认为它是个好东西，但我就是做不到，而且这种情况也非常普遍。这个问题就出在"意志力"上，出在自我管理上，我确实认可学习很重要，但就是回家管不住自己，吃完饭就倒头睡觉。

创始人有句话讲得非常好，"自律是一切美好品德的基础"。可以肯定地说，一切美好的品德，一切有价值的价值观，都要求有极强的意志和自律能力，因为美好的东西首要一条都要求是付出，而人的本性是"不劳而获"，所以需要用意志进行自我管理。

活化于人，领导者的必备素质

对价值观践行的最高标准就是活化于人，就是你要能把价值观不断地复制到更多的人身上，这个要求非常高，不是一般人能轻易做到的，但对于领导者而言则是必备的素质，因为只有你具备这种影响人的素质才谈得上是一个领导者。

当然，活化于人也不是难到可望而不可即，最直接最简单的办法，就是自己先做到，所谓"干部干部，先干一步"，自己身先士卒、言传身教，就是最好的"活化于人"。

"问题都在前三排，根源就在主席台"。这是民间一句略带戏谑调侃的话，但也道出了事情的本质。很多制度和价值观的践行，如果出问题，往往都出在领导身上。因为领导不能身先士卒，不能切实践行，其他人就会有样学样，更要命的是，因为领导自己践行得不好，你又没有底气管理别人，久而久之，制度和价值观就会沦为摆设。从这个角度理解，所谓"领导"必须是能切实

践行各项制度和价值观的人，否则就做不了领导。

不仅仅是公司内部的活化，价值观对外的活化也非常重要。只有企业文化和价值观在外部被更多的客户、更多的用户认同时，企业才会获得蓬勃的生命力。在价值观外化上，世界绞谷一直孜孜不倦地努力着，他们会制度化地把企业内刊《华誓系》、《范贡》等赠阅给客户，会每天制度化地在企业公众平台《范贡书院》里推送，所有成员会在朋友圈进行转发，会在与客户的各类会议上对企业文化和价值观等进行讲解。

曾经有个合作伙伴说："别人送礼都是送物质财富，你们送礼都是送精神财富，还是你们境界高。"世界绞谷所推崇和践行的敬畏文化，在客户群体中确实引起了极大的反响和共鸣。

附：不要误读价值观

2016 年 9 月 23 日

当我们谈起团队建设时，都会拿价值观开方子，仿佛拿价值观动了刀子就找到了企业发展的九阳真经，找到了兴奋剂一样。

这些天我一直在思考价值观这个事情，还真是不能浅层次地去理解。

价值观只是企业发展的引擎，不能成为企业发展的救世金丹。这个世界哪有价值观完全相同的人呢？就拿中国共产党来讲，十大元帅的价值观相同吗？非也，他们的价值观相差也很大，但是他们在事关革命事业发展的根本问题的认识上是一致的。可能我们无法理解的真相就是，他们开始的时候也可能没什么价值观，一切的选择都是被逼的，慢慢地在不断被逼的过程中才开始有了很多一致性的价值观。

也就是说，价值观是一个被改造的过程，价值观应该是一个很人性化的过程，价值观也可以被理解为一个进程。价值观不应该被作为一个人的评估标准，因为相同的经历一定会改造一些对价值观的认知。

价值观要在共同的经历中去改造

人的进化速度、进化维度、进化能力大不相同，各有各的价值，我们对不同的价值需要尊重、理解和包容。我越来越觉得，价值观追求的是一种协同性、一种自律性和一种自发性，是一个逐步趋同的过程。

同样，在我们这个组织发展到今天，我们真正应该做的是尊重各种差异，这里面包括各种经历的差异、能力的差异和目标的差异。也就是我们需要在不同的阶段去建立我们世界绞谷的统一战线，不断去推进我们的阶段性目标。从根本上，我们就必须回到常识上，回到求同存异的这个根本常识上，不断寻求核心价值观的"同"，正视和包容各种差异。

我们的核心价值观到底该如何践行呢

我们一定要坚信不疑地践行我们的价值观，这是我们事业发展的引擎，但是我们需要明白我们需要更多的协同，需要寻求更多的差异化，寻求更多动态优化系统。我们必须认知到，时间、空间和事件对人的价值观的巨大改造作用，从这个角度讲，只有共同的经历才有可能塑造一致的价值观，而不是寻求先天性具有一致性价值观的人，因为价值观根本就无法从先天性上具备一致性，但是一定是有可能通过共同的经历去求同存异。

我们还是需要深读中国革命史，因为我们需要理解价值观的后天改造问题。

我们要坚信价值观，我们需要坚信更多价值观背后的人。

我们需要知道价值观会变，只要经历会变。

只要会变，一切都好办。

父母心，责任感的源泉

父母心，沉甸甸。

父母心作为世界绞谷六大核心价值观的首位，内涵丰富而饱满。

第一层意思，就是要孝顺父母，世界绞谷要的人首先必须是孝顺的人，是孝儿顺女。因为父母是将你带来这个世界的人，是你的因，是你最应该要感恩的人，连动物都懂得这个道理，羊羔跪乳，乌鸦反哺。古往今来，不论白道黑道、官道商道，凡是有所大成的人，都是孝子，这是成功的基本标配。只有懂得感恩父母的人，对父母有责任感的人，才可能懂得感恩他人或者尽责他人。

第二层意思，就是倡导一种责任感，由对父母的责任感演化成对家庭的责任感、对事业的责任感、对公司的责任感、对社会的责任感，拥有像创始人一样的责任感、拥有唯一主人翁的责任感，概括地说，就是对待任何事情都能有一颗父母心，像父母对待孩子一样尽责，这一直是世界绞谷所倡导和践行的。

军阀孙传芳有个著名的段子，孙中山和袁世凯都倡导当官要做人民的公仆，孙传芳看了报纸几乎要笑破肚皮，那些争当人民公仆的人其实都是骗子，要当就要当人民的父母、不当人民的仆人。因为仆人没一个好东西，不是拐骗主人的小老婆，就是偷主人的钱，而天下当父母的没有一个不爱自己的孩子。话糙理不糙，值得深思。

假如我们对待任何人、任何事都有一颗父母心，细心呵护，吃苦培育，做任何事都像抚养孩子一样用心负责，做什么都可以成功。

第三层意思，父母心的上行下效，作为一个有责任感的人，对孩子的培育也非常重要。因为孩子就是你的未来，有养无教，是为父母的最大的失败。世界绞谷在这一点上，可以说走到了全国所有公司的前列，为了培育体系内的孩子能茁壮健康地成长，专门为孩子们成立了范小蠡书院，在这个平台上开展丰富多彩的各类活动，为孩子们提供一个学习、交流、分享和知进的平台。

在父母心的具体考核上也有详细的要求，比如，公司每年年会都会邀请所有成员的父母参加，每人都会给包一个红包，每年以 30% 的速度递增，成员每月 30% 的工资要交给父母，城市买房的要把主卧留给父母居住，自己买车前要给父母在城里买套房。通过这些实实在在的外化于行的行动来践行父母心，而不能停留在"可怜天下父母心"的哀叹中。

为活人哭，为死人笑

这是创始人在父母心上对成员提出的要求。父母在世的时候，要尽最大努力去孝顺他们，让他们过得尽可能地舒服，要经常半夜睡不着，想到自己的父母还在农村，想到自己的父母一个月还吃不上一条鱼，想到自己的父母冬天还住着没有暖气的房子，要为这些事情内疚流泪进而发愤图强，成为自己奋斗的动力。活着的时候尽孝了，真的父母百年之后，要笑对一切，因为心中无愧，因为父母生前该享的福都享了。

但很多人的做法却恰恰相反，父母生前你爱搭不理，父母去世了，你哭得死去活来，哭得越响好像你越孝顺似的，实际情况是，哭得越伤心的可能恰恰说明你心中越有愧，甚至是个不孝子，装样子给人看。生前父母一个月你给不了一千块钱生活费，死了你花好几万办丧事，有那钱为啥不让父母生前吃好喝好心情好呢？想起那么多人的"胡作非为"和"浑浑噩噩"，不禁让人一阵阵扎心。

在世界绞谷，很多人的良知，在父母心的不断检视和践行中被唤醒，很多人的责任感，在践行父母心中得到了进一步升华，很多人自从进入世界绞谷，突然明白了很多做人的道理。

学习力就是核心竞争力

在世界绞谷，关于学习力有很多的金句，比如，**"学习是改变命运的唯一筹码"**，**"学习力就是核心竞争力"**，**"不断学习是应对不断变化的最好武器"**，**"读书是一种零风险的投资"**等，在公司对学习力永远是常抓不懈，因为这是公司得以生存发展的命根子。在现代社会，一个没有学习力的企业是没有任何生存下来的资格的。

在国外，诸如产品生命周期短的高科技企业如英特尔、领导人强有力的企业如通用电气，早已把学习上升成为一种经营方式，国内的企业家中，嗜书如命的企业家比比皆是，而且越是成功的企业家越爱读书。

学习力的提出，要早于其他价值观，从2013年8月1日公司成立之日起，世界绞谷就旗帜鲜明地提出了学习力，并着手制定了各项学习制度。

世界绞谷的读书计划依据职位、岗位等不同，可选择适合自己的读书计划。比如，"101读书计划"就是10天读一本书，"301读书计划"就是一个月读一本书，以此类推。公司总监级以上的人，都必须至少执行"101读书计划"，每月必须至少读三本书。

光读书还不行，每读完一本书，必须写一篇不低于2 000字的读后感，并要在规定的时间内上交。

光上交读后感还不行，公司内部有《范贡》内刊，所有的读后感要以季度为单位，刊登在《范贡》上面，然后所有人在认真阅读《范贡》，从别人的读后感里增加自己的智慧。

光读《范贡》还不行，公司还会定期召开读书分享会，就近期所读书目进行分享，可以是专项的对一本书每个人分享自己不同的观点，也可以是针对不同的书，各自分享自己不同的认知，让所有人开拓不同的视角。

当然还没完呢，光开读书分享会还不行，所有的读后感还会发表在名为"范贡书院"的企业微信公众号上，认真阅读后在微信朋友圈进行分享。

提到"范贡书院"，有必要介绍一下。范贡书院是世界绞谷成立的一个以读书及分享交流为主题的书院，目前只限于企业内部，后续会向外界公开。《范贡》内刊、范贡书院微信公众号、范贡读书分享会等，均由范贡书院负责。"范贡"二字，取自两个人的名字，"范"是范蠡，也称陶朱公，中国极具传奇色彩的商祖，按现在的话说，就是开了挂的霸道总裁和人生赢家。先从政，协助勾践打败夫差，帮助越国成功复国，难得的是范蠡还有知止的大智慧，急流勇退，避免了文种鸟尽弓藏、兔死狗烹式的悲剧，然后从商，轻飘飘地三次成了巨富，又风轻云淡地三次把家财散尽，更不讲理的是，绝世美女西施甘愿做小三（那时候叫小妾），两人泛舟西湖。

图 3-2　世界绞谷读书分享会

"贡"是子贡，大名端木赐，字子贡，是儒商始祖，"君子爱财，取之有道"就是说他的。他也是个传奇人物，是孔门十哲之一，孔子的得意门生。子贡有个特长就是口才好，按现在的话说就能忽悠，而且会做人，先后出任过两个国家的丞相。子贡也是经商的奇才，非常会做生意，是当时有名的大富翁。同时，子贡可以说是中国最早的天使投资人和文化赞助人，常年赞助孔子，才让中国出了一个千年一圣。

旧社会做生意的人，常常在店铺内悬挂八个大字："陶朱事业，端木生涯。"就是勉励自己，要向这两位前辈学习。

从书本中学，向身边人学，在实践中学

这是世界绞谷确立的学习力的三大路径，相比从书本中学，向身边人学和在实践中学显然是更高级的学习方法，也是更重要的学习方法，毕竟生活就是活生生的书本，每一天都上演不一样的智慧。

在向身边人学这一点上，世界绞谷的"请进来，走出去"学习制度是非常好的落地办法，每一次的学习都尽可能地做到极致化，不仅仅是简单的一起聊聊天，而是事前有纲要，事中要多提问，事后要复盘，尽可能地把每次学习机会夯实。

"世事洞明皆学问，人情练达即文章"。在实践中学，学问更大，不是有那么一句话嘛，叫作"人生处处是考场"，这句话的前提是"人生处处是讲台"。在生活工作中不用心学、不会学，那每次的人生考场都会考砸。在实践中学，世界绞谷有"事事复盘"的学习方法论，即时和及时地对发生的事情进行总结复盘，好的经验进行总结提炼和复制，坏的教训进行吸取及避免下次再犯和在其他人身上重演。

当然，任何一个好的品质的养成，绝不是一朝一夕可以办到的，人的自觉性还不足以抵挡人的惰性，它也是一个不断反复、不断斗争的过程。

2016 年 9 月 15 日，世界绞谷统一对之前的本年度学习力进行了检视，一次性收到罚款 14 万多，一时间体系震动，警钟长鸣！

附：收了十几万罚款

2016 年 9 月 16 日

昨天晚上，管理总部行政中心及财务中心对截至 9 月 15 日全国范围内所有同事的基础制度检视进行了系统检视，并一次性对违反制度的同事的处罚进行清偿。

我们为什么要这么做

实际上，管理总部一直想做这件事情，但是在授权吾忌管理公司期间，我们再一次进入误区。尽管我们过去对制度也进行了检视，但是吾忌规定对所有制度检视进行了更加妥协的处理办法，即每月罚金处理扣除工资 10%，来进行所谓稳定大家的情绪。这种情况非但没有解决问题，反而对基础制度的践行越来越差，所以我们决定对这些罚款进行一次性清偿。因为我们需要一批能说到做到的人，而不是盲目承诺的人。说到做到是我们建设团队的根本要求，我们必须找到这些人，尤其是我们要找到能在分红协议上签字并能做到的人，这些人直接决定了我们团队建设的成果，决定了我们的未来。

我们不会在任何制度面前进行妥协

行政中心把处罚清单排名已经进行了推送，我们所有人都看见了惨烈的结果，这个结果到底说明了什么问题？到底能不能说明问题？到底说明了谁的问题？我想强调的是，这张表格呈现的结果绝非偶然。这张表格背后是所有同事自律程度的展现，是所有同事基本职业素质的展现，这张表格的统计结果已经和我们聪明与否没有任何关系。现象就是真相，我们一定要认真从这张表格里找到自己失控的影子、找到自己的劣根性。

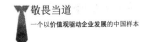

为什么没有关于我的处罚

制度面前人人平等，我没有违反公司的任何制度。关于学习力的落实，我对大家也对自己承诺过，我保持两天写一篇 2 000 字文章的制度在进行，我每月的文字撰写量包括文章和早点都至少超过 3 万字以上，所以我没有违反学习力的落实制度。对于我们的团队管理我需要尽的义务，我认为自己超越了自己，认为自己是合格的。所以，在统计表格里没有我的名字，不是我违反了制度，制度面前我同样和大家执行一样的标准。我对学习力的落实都体现并分解在我们每天的《华誓系》里，我所有的学习都是为了世界绞谷的需要，都是为了建设团队的需要进行的。所以我只能分解到每天《华誓系》里进行，我绝不会逃避自己的责任。

这里面有没有人感到很冤

这里面没冤死鬼，更没有哪个人值得去解释，去解释公司对你的检视。我们需要去解释的是，为什么到了今天你依然还是那么软弱？为什么到了今天你依然还是说到而根本就做不到？你到底还想不想做到？你到底还能不能做到？你到底在考验谁？我觉得大家需要思考的是这些问题，大家需要明白的是，公司不会对任何人妥协，更不会在制度面前妥协。

铁打的营盘流水的兵，铁打的将军流水的盘

你在团队里到底是想成为将军，还是想成为兵？这是一个自己想清楚的根本问题。你在团队里到底是主菜还是配菜，是自己必须尽快要弄清楚的问题。我们还能想起《范贡》里每个人的文章，今天你打开再看会有什么感觉？你还敢看吗？

到底谁是谁的主

被动性思维成了大多数人的思维模式，但是我们的团队不需要，虽然我们的团队做不了任何人的主，但我们能做的就是建立平等性的竞争平台和文化氛围，让有为者迅速上位并创造价值。

在这次事件中，这十几万的罚款让公司找到了活着的勇气。

那你的勇气呢？还有吗？

子弟兵 —— 找到一起惜命的人

任何一个党派，任何一个组织，任何一个公司，组织和团队建设都是其发展的生命线。在世界绞谷一直有这么一个观点，"骨干是折腾出来的，核心骨干是糟蹋出来的"。话糙理不糙，任何一个想在一个部门、一个岗位上能真正立起来的人，不经历一番寒彻骨，就不会迎来梅花扑鼻香，在顺境中是出不了将帅之才的。

世界绞谷的人力资源方针是："选拔和培养并用，选拔优先"。首先是通过选拔，把那些真正发自内心想改变自己命运、家庭命运乃至家族命运的人找到，因为只有这样的人才会有刻在骨子里、流淌在血液里的欲望和狠劲，一个想有所成就的人，这种骨子里想改变命运的原始冲动很重要。其次，才是对找到的人或者脱颖而出的人进行培养和训练，让文化及价值观越来越趋同，成为一名合格的子弟兵。

但是，想成为一名核心骨干没有那么容易，必须经过千锤百炼。在世界绞谷，很多预备的核心骨干，都会被公司有意安排在不同的岗位进行锤炼，安排更多的"四活"去磨炼你，安排难度大的工作让你去完成。

不论是早期的 60 000 例消费者调研，还是 400 万例"虎头奔"的发放，都是对人不小的考验，很多进进出出的同事，就是拉不下脸、吃不了苦、下

不了力自己离开的。当然，不论是调研还是虎头奔，还是更多地停留在体力层面的锻炼，每月的读书计划、每月的业绩考核等，这些才是真正的考验，不论对脑力还是心力。

创始人曾撰文给子弟兵队伍提出了十点要求，这篇文章的标题是《一条至少值一个亿》。文章中给干事业的人提出十条标准：

一、忍得住孤独

人生想要获得成功，必须忍得住孤独，尤其是在职场奋斗中，很多时候为了达成目标，可能别人在休息时，我们还一个人在默默无闻地付出。这种过程是非常孤独的，但如果能挺得过去，我们将会比别人取得更大的成功。

二、耐得住寂寞

为了生活、为了工作、为了事业，往往很多时候我们都不能陪在亲人朋友的身边，而是必须占用很多的休息时间和与家人团聚的时间。我们是否能够耐得住这种寂寞？

三、挺得住痛苦

人生道路并非一帆风顺，一路上难免会有很多坎坷、泪水、痛苦。痛苦之后往往会有两种结果：一是萎靡不振，二是更加强大。我们在经历了痛苦之后究竟是萎靡不振还是更加强大？取决于我们是否能挺得住痛苦？

四、顶得住压力

没压力就会没动力，大家都知道这个简单的道理，但是很多人却在遇到压力时选择了逃避和放弃。只有当我们摆正心态，坦然面对压力时，才会给我们的成长和发展注入无限动力。

五、挡得住诱惑

做人做事必须坚守自己的理想和原则。只要我们所坚守的是正确的事情，哪怕会有短暂的痛苦，也应该坚持下去。如果我们所做的是错误的事情，哪怕会得到短暂的快乐，也应该坚决拒之。生活中处处都会存在着各种各样的诱惑，如果定力不强，这些诱惑会随时影响并阻碍着我们前进的步伐，甚至会让自己迷失前进的方向，陷入短暂利益的旋涡中。在种种诱惑面前我们要一如既往地坚持自己正确的原则和理想。

六、经得起折腾

每一次的失败、每一次的泪水和汗水总是在不断地折腾着我们，因此让我们的发展道路充满荆棘，但经过无数次的折腾才会让我们从中深刻地体会到生活的真谛，我们试问自己，能一而再、再而三地经得起折腾吗？当经历无数次的折腾后，我们还能坚持吗？

七、受得起打击

当面对他人一次又一次的冷嘲热讽，我们能经受得起吗？我们是否还能保持最初的激情，同时坚守自己的目标？我们是否还能保持不下降指标而且能够持续不断地增加措施？在市场开发中，当客户毫不客气地让我们"滚"时，我们会保持一种什么样的心态呢？我们是继续争取还是马上灰溜溜地离开而从此不再争取面谈？无论是个人，还是集体，不在打击中成长，就在打击中消亡！

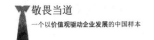
八、丢得起面子

面子是自己给自己的，不是别人给的。害怕丢面子会让自己丢一辈子的面子，害怕失败会失败一辈子。害怕丢面子往往带来的结果是打肿脸充胖子，会让自己更加痛苦，从而丢掉更大的面子，让自己陷入一种恶性循环！

九、担得起责任

奴性文化弥漫着整个中国，但是我们的团队不需要，团队也做不了任何人的主。我们能做的就是建立平等性的竞争平台和文化氛围，让有为者迅速上位并创造价值。

十、提得起精神

当我们在连续多天加班或超负荷工作后，是否能提起精神为了自己的目标而继续冲刺？

选其一，开始练吧，做到真的很难，但真的很有价值。

每一个公司，在不同时期都会不同程度地存在三种人，这三种人对公司文化的破坏非常大，他们是"投机者"、"镀金者"和"寻租者"。任凭这样的人存在，会对正常的组织和团队建设造成极大的伤害。因此，创始人专门有一篇文章对此做了精辟的论述，并给出了解决之道。

附：华人的征途
2016 年 12 月 14 日

华誓人的特征是什么？

我们在华誓系里到底图什么？

华誓人的未来二十年征途到底是怎么样的？

《明朝那些事儿》这套书就是讲历史的征途，在历史的征途中时间永远不会撒谎。无论你是什么人终究都会在时间面前现出原形，你可以在某些时间欺骗所有人，你也可以在所有时间欺骗某些人，你也可以在所有时间欺骗所有人，但你终究不能欺骗自己，更不可能欺骗时间。在华誓控股的历史中我们将逐步干掉三种人，即投机者、镀金者、寻租者，这三种人为什么不可能永久潜伏在华誓体系中？

用"干四活"干掉投机者

我们提出了干好四种活即苦活、脏活、累活、粗活，这四种活将在全国体系内逐步干掉我们体系内不同程度、不同层面的投机者，因为如果你是投机者，你可以装一时，但绝不可以装一世；你可以装作干好一种活，但绝不能装着干好四种活。

台面上光鲜，桌面上表态，端酒杯喝酒，都说明不了根本问题。同样是培训，我们对课件的理解深度在哪里？同样是开会，我们对会议的精髓领会在哪里？传导在哪里？检查在哪里？反馈在哪里？我们千万不要把"干四活"等同于开源战略，开源战略只是体现"干四活"的一个载体；"干四活"是干好所有基础工作的统称，因为基础决定规模，系统高于一切。我们毕竟不是民工，不是农民，满身泥浆才能证明你干好四活。在华誓体系内，"干四活"就是干好所有基础工作。会议开过了领会在哪里？培训之后收获在哪里？总结之后改变在哪里？骂人之后方案在哪里？开会你为什么迟到？开会你为什么电话那么多？你对会议的重视程度在哪里？为什么总是别人买西瓜？为什么总是别人打扫卫生？为什么一起出门总是别人按住电梯？

"干四活"不是出死力，不是满头大汗就证明优秀和价值大。"干四活"的本质是同样的基础工作，你总是比别人意识先到位，比别人扎实，比别人系统，比别人持久。大家千万不要忘记我们是脑力工作者，我们主要投资在脖子以上，不要狭义地把"干四活"与开源战略划等号，"干四活"必须系统、扎实、基础、持久。

用四有新人干掉镀金者

镶金边儿没用，我们要成为硬通货，不能仅仅成为人民币或美元、英镑，我们要成为黄金，要成为全世界的通用粮票、通用船票，成为全世界争相储备的对象。有文化、有素质、有能力、有水平是我们对四有新人的解释。因此，不要在乎那些不学习、没文化的人的恶评，有人骂你说明你在他心目中很重要；别人骂你，你没有反应，说明他在你的生活中不重要。在这三年坚实的第一阶段学习中，我们每个人都要切实做好自己的观众，学会慢慢平静，学会慢慢追求自己内心的平实。

站在山顶的人和站在山底的人相互遥望，都会觉得对方很渺小，只是高度不同而已，不存在孰对孰错，更不存在不认可就彻底否定对方。解决这些认知的深层次问题只有靠文化的宽容度才能解决，太多时候不是事情本身伤害了你，而是你对事情的看法伤害了自己。如果你不想伤害自己，这个世界上就没有人能伤害你。

我希望这三年华誓体系的所有中高层都能用至少 2 000 本以上的书熏出自己的文化氛围，学会不再和社会基层较劲，学会不再会为生活琐事苦恼，学会不再为别人的恭维而心花怒放，学会不再为短暂的曲折而郁郁寡欢，学会寻找自己的宽度。毕竟这个世界绝大多数是普通人，因此想要成点儿事必须否定大多数人的想法与做法，因此，如果一直在乎常人的想法，你就死定了。

用四位人生干掉寻租者

定位、归位、入位、立位是我们对四位人生的解释。任何企图以公司利益在体系的平台上以违反团队价值定位与准则来获取个人私利的行为都是寻租行为。在这个问题上，唯一主人翁精神就是根本性的衡量标准，如果你口口声声谈责任感，而实际做的不是唯一主人翁做的事情，并且在相当长的时间里也没有相应的状态与行动，实质上就是寻租行为。这种寻租行为的可怕之处就在于使企业的六大核心价值观整体走空，形成了言而无信的企业文化，并且这种文化在体系内达到无边无际的扩散，最终抵消了公司所有的正能量，最终使我们精尽人亡。作为准核心骨干，你的唯一主人翁精神体现在哪里？搬家时你是不是先到了？吃饭时你是不是给别人先让位置了？团队合作时你是不是把好东西先留给别人了？别人有困难时你是不是很主动？你所有的行为都会成为自己的品牌资产而进行沉淀，最终形成你的职场特征，从而形成自己的影响力。

六个月很快就会过去，我们整体上将结束系统的定位阶段。我们每个人都必须仔细思考自己在华誓体系内到底要成为什么样的人，在过去十八个月自己的成长情况如何？自己的对标对象是什么？哪些东西的成长与变化是金钱无法衡量的。随着实体市场的快速推进，团队规模逐步放大，对六大核心价值观践行的要求越来越高，难度越来越大，投机者、镀金者、寻租者终将在体系内无藏身之地。让我们都从塑造一身正气开始，让我们从立志于把自己打造成坚实的硬通货开始吧，不要那么容易安慰自己，原谅自己，更不要轻易亵渎了自己制定下的目标，华誓的征途才刚刚开始，不要自己把自己弄丢了，好多东西丢了，就再也找不到了。

人生的苦难就像一条河，趟过去就什么也没了。

子弟兵的“八个无条件”

在子弟兵队伍建设上，世界绞谷提出了一个“八个无条件”，从八个方面来不断建设和塑造组织和团队。

一、无条件信任。信任是一个团队组建的基础，信任是一个团队的黏合剂。正如流行的一句话："如果爱就深爱，不爱就离开"，对一个组织一个企业也是一样，毫无疑问，每个企业都有每个企业的基因和文化，如果信任就充分信任，如果不信任就选择离开、各奔前程。

二、无条件忠诚。既然属于一个组织、一个集体就要忠诚于这个组织和集体，以集体的利益为重，这和婚姻是一样的，既然选择了婚姻就要忠诚，不愿意忠诚，你可以选择不结婚，可以成为一个"不以结婚为目的的谈恋爱的流氓"。在一个集体，而不忠诚于这个集体，不论在哪种组织都会被开除，如果是黑社会还会被干掉。

三、无条件分享。齐分享是公司的核心价值观之一，现在早已进入越分享越富有的时代。过去是我有一个苹果，我分享给你，我就没苹果了。现在是，你一个好想法，我一个好想法，我们分享后，每个人有两个好想法。

四、无条件执行。一分部署，九分落实，执行从来都需要无折扣、百分百地执行，否则就会乱套。在世界绞谷，理解的要执行，不理解的也要学会去执行，后者更重要。

五、无条件憋屈。职位越高，委屈越大，成就越大，憋屈越多。所谓的成功，就是多做让别人舒服的事，不做让自己舒服的事，当然要憋屈了，对憋屈的忍耐力就是你取得成就的助推器。

六、无条件合作。不论是一个部门之间、跨部门之间还是和合作伙伴，只有合作才会产生更大的价值。所谓合作，本质上就是价值交换，没有交换就没有价值，没有合作就没有未来。

七、无条件成功。为什么一群人要聚在一起成立一个组织或一个公司，就是想干一个人干不成的事，想取得一个人达不到的成就。

八、无条件共赢。不仅仅自己要成功，要让所有参与者、所有利益相关者都要成功，而且参与的人越多受益的人越多就越成功。

"无条件"看似不讲道理，其实是最有道理的。一个组织，如果没有统一的理念、号令、行动和价值观，就是没有价值的组织，在这样的组织和企业里，除了蹉跎岁月又能获得什么呢？

世界绞谷是一个价值观非常鲜明、做法非常独特的一家企业，爱它的人爱得死去活来，不爱的人都躲得远远的。

创始人说："共产党 25 个政治局委员、7 个常委就把拥有 14 亿人口的一个大国治理的井井有条，做一个企业没那么复杂，只需要找到几个一起惜命的人，企业不知道能干多大！"

齐分享 —— 越分享越主流，越主流越分享

齐分享，一直是世界绞谷秉承的核心价值观之一，从公司创立开始就一直坚守。齐分享文化，狭义地讲就是物质利益层面的分享，广义的分享则蕴含丰富的内涵。

世界绞谷不仅仅安排了全员共享的多级分红制度，还构建了多方位的分享制度，从市场信息的及时快速分享，到公司经营数据的透明分享，再到学习晋升空间的开放分享，再到企业文化、企业利益等与合作伙伴乃至消费者分享。总之，这是一个公开、透明、开放的价值分享平台，只要有价值的东西，都可以拿来分享，没有什么东西是藏着、掖着、抠抠搜搜见不得人的。

创始人有个理念："越分享越主流，越主流越分享"。要说这个世界有一个成功真相的话，那就是分享，纵观那些成功的人与企业，都是能创造价值并愿意进行分享的人，分享得越多越主流，越主流越分享得多。

任正非在华为只有 1.4% 的股份，马云在阿里巴巴只有 7.64%，柳传志持有联想控股的部分不到 1%。越是伟大的公司和伟大的企业家，其影响力和控制权并不是体现在持股上，相反把绝大部分的利益都分享了出去。

当然，这种分享也分主客观两方面，主观方面是因为企业家本身的胸怀和格局愿意让更多的人进行分享，客观方面是因为要融资及上市，所以股份不断稀释。但不论是主观还是客观，都是一种"分享"的行为。创业前期的稀释是为了让更多的兄弟分享公司成果，后期的融资及上市则是为了让其他

人及全社会来分享公司发展成果。所以，本质上而言，公司不断做大的过程就是让更多人分享公司发展成果的过程。相反，一个老板总是不愿意分享，只是空守着股份，那这个公司就是你的，和别人都没关系，所以公司也发展不起来。一个公司不愿意让其他人和社会分享，那就与其他人和社会都没关系，想发展壮大是非常困难的。

在世界绞谷，"价值让渡"是一个经常提起的词汇，是指导市场策略的重要原则，就是要不断地将价值向客户及消费者进行让渡。比如，市场调研时拿出 60 000 盒茶对消费者进行回馈，产品上市后举办"全球茶饮养生节"，累计共拿出近千万元的试饮茶，让消费者进行免费品尝，就是做市场推广的"虎头奔"，也是尽可能地让消费者获得和分享更多的价值。公司在制作绿色的环保手提袋时严把质量关，两年后的今天，西安、重庆街头还有大量的人提着绞谷茶的手提袋逛街、买东西。公司光免费赠送手提袋一项，就支出高达 400 多万元，还不说袋子里赠送的两袋茶。

在与客户的合作过程中，也不断地全方位与客户进行分享，这也是为什么绞谷茶被越来越多的连锁列为年度战略单品的原因。

为什么是我们

在世界绞谷内部曾经专门开过多次研讨会，主题只有一个："为什么是我们？"

为什么国内众多的百强医药连锁愿意和世界绞谷进行战略合作？

为什么他们愿意把绞谷茶列为年度战略单品？我们作为行业的新入局者凭什么得到这么多大佬的青睐？

这是一个必须深刻复盘的问题、做出结果更要知道原因。因为在竞争白热化的医药零售行业每一个连锁都有将近上万个品种、上千家供应商，能在这么多供应商里脱颖而出，一家成立三年多的公司凭什么？

论供货价，我们显然没有特别的优势，有大量的企业可以把供货折扣放到 2 折乃至更低。

论品牌，绞谷茶刚上市三年，虽然也投放了不少广告，但相比大量常年在央视、卫视投放广告的诸多医药品牌而言，品牌影响力显然并不占优势。

论经验，一个行业的新进入者，显然没有特别丰富的行业经验，与耕耘这个市场动不动几十年时间的老牌企业比没有任何优势。

但就是在这种情况下，世界绞谷成为了行业里的一匹黑马，迅速获得了越来越多医药零售大佬的青睐，原因何在？

讨论会上得出了结论，核心一条就是分享，作为一家立志打造成为世界级品牌的公司，把价值分享做到了极致。不仅仅是看得见的物质利益方面的分享，企业在文化价值方面的分享也是无私和透明的。在合作之初，公司都会想尽各种办法与连锁召开"战略合作联席会"，最重要的作用就是在双方之间取得文化与价值观的认同，因为只有文化层面的认同才是合作最坚实的基础。除此之外，公司每季度的内刊《华誓系》《范贡》印刷出来后，都会第一时间给合作伙伴送过去，很多合作伙伴就是因为阅读了世界绞谷的书，更加全面地了解公司及公司文化，进而和世界绞谷的相关人士成了非常要好的朋友。

为什么会这样呢？就本质而言，分享的背后是一种付出，所有的书籍都是时间、心血的付出，是世界绞谷所有人读书、实践过后的总结和思考，这种思考给别人也会带来一定的启发，这种心灵上的互动，效果非常好。所以，归根到底，还是要敢付出、敢分享。

共成长 —— 个人、公司、家庭和社会共成长

在世界绞谷，"共成长"是公司一直追求的核心价值观之一，其基本含义是追求公司所有人能在这个集体里取得成长，让每一位入职公司的人都能

取得本质性成长。外延含义就是不仅仅是个人要成长，还要让个人与公司、家庭和社会共同成长。

家庭是社会的基本单元，家庭的稳定及幸福是个人奋斗的目标及后盾，有一个幸福美满的家庭是个人在外奋斗的有力支撑。但是，家庭生活是一门非常高的学问，经营不善就会分崩离析，这也是现在离婚率越来越高的原因。这其中最主要的一个原因，就是夫妻双方的成长要趋同，一旦一方的成长与另一方不对等，家庭就会变得不稳定，就会出现矛盾。

比如说，一方认为周末多读读书充实自己很重要，另外一方则总是想周末出去逛街吃吃喝喝一下，刚开始还可以互相迁就，时间长了一定会闹矛盾。这个时候，最好的解决办法就是夫妻双方共成长，时刻保持在一个频道上，这样才会有心灵上的相通，才会"心有灵犀一点通"。

在世界绞谷，对核心骨干成员有一个家访制度，公司领导会买上礼物、登门去拜访。一方面，通过这种走访，和家属建立沟通，把公司的发展近况等向家属做通报，让家属对公司有个全面的了解，建立公司和家庭的良好互动关系，让家属通过全面了解公司进而对成员的工作更加支持；另外一方面，也通过家访实际了解成员的家庭情况，如果存在困难能针对性地给予帮助。最后一方面，也可以通过家访这种形式，传递给家属一个信息，公司对成员本人很重视，他对公司很重要，给成员本人以信心，给家属以信心。

所以，世界绞谷是一个团结的大家庭，家属时不时会自愿出现在公司进行"义务劳动"。在执行"虎头奔"行动期间，由于每天晚上往无纺布手提袋里装资料和茶的工作量非常大，很多家属主动到公司来参加义务劳动，忙到深夜一两点。在各个地级市，手提袋直接发到品牌推广专员家里，晚上家属一起帮助装资料装茶。

很多家属因为被另一半的读书计划所感染也开始培养自己的读书习惯，有的家属看到了另一半积极上进也开始改变自己，在生活和工作上变得积极主动。公司也会经常组织一些活动，邀请家属参加，比如"中秋家属座谈会"、看电影、范小蠹书院的活动等，就这样通过各种形式的活动及互动，最终实现个人与家庭的共成长。

在与家庭共成长上，公司最重要的举措就是成立了"范小蠹书院"，所有成员的孩子都可以加入，旨在给孩子们提供一个学习、交流和分享的平台，提供一个更多元化、更高层次、更富远见的平台，让孩子们获得更好的成长。"寻找可传承的力量"是范小蠹书院的口号，也是范小蠹书院真正的

伟大之处，它明确地告诉所有人，可传承的东西不是物质上的东西，而是包括视野、意志和品格等在内的精神方面的东西，只有这些才是孩子可以仗剑天涯的力量。

图 3-3　世界绞谷闭门复盘会

为天津 8•12 捐赠

世界绞谷自成立伊始，就立志成为一家"深具社会责任感的企业"，以自己最大的努力担负起社会责任，与社会取得共成长。

2015 年 8 月 12 日，天津港发生特大爆炸事故造成上百人遇难。公司在得知情况后，第一时间联系了陕西省红十字会，通过陕西省红十字会向天津红十字会捐赠了价值百万的绞谷茶，对参与火灾救援的消防官兵、医务人员给予关怀和表达敬意。

陕西红十字会相关人员提议公司召开一个新闻发布会，毕竟捐赠数额巨大，而且是全省第一家捐赠企业，被公司婉言谢绝。

创始人说："我们捐赠是发自内心的，是企业核心价值观驱使下的自发行为，我们并不想通过这个事情做什么公益营销。"

2016年5月份，世界绞谷联合西安市老龄产业协会、陕西电视台等机构，联合举办了"寻找百岁老人"的公益活动，呼吁全社会共同关注高龄老人，全省所有报名参与本次活动的80岁以上老人，均获得了由世界绞谷提供的绞谷茶一份，世界绞谷为组织本次活动，先后投入了上百万元，取得了非常不错的社会反响。

多名百岁老人登上了电视，分享了自己的健康长寿之道。为了让活动能一直延续下去，公司又与《陕西老年报》联合举办了《长寿榜样》栏目，直到现在只要是80岁以上的老人报名参加，还可以免费获得公司赠送的绞谷茶，这样的送茶，已经延续了两年多。

就这样，世界绞谷在一点一滴地践行着自己的核心价值观、承担着自己的社会责任。

健康行 —— 追求身心灵全面健康

身体是革命的本钱，拥有一个健康的身体是干革命最重要的本钱。正是基于此，每年的霜降日被列为公司的"健康日"，在这一天，公司会组织所有成员进行免费体检，以此来提醒公司所有成员要敬畏自己的身体、要珍视自己的健康。

公司通过组织不同形式的活动来唤起所有成员对健康的重视，公司组织成员及家属在运动公园举行十公里慢跑，组织所有核心骨干在西安城墙进行绕城跑，赞助全国室内田径锦标赛西安站及全国腕力王大赛等。

在世界绞谷，中秋和春节都会作为福利给成员家属提供绞谷茶，而且有明确的要求，这些茶必须定向使用、必须给自己的父母或者配偶的父母喝，不能随便当礼品送给其他人。很多父母，因为常年喝绞谷茶，身体得到了极大的改善，失眠没有了，便秘通了，血压稳了，老年斑变淡了，白头发变黑了。父母切切实实的身体变化，让孩子们切切实实尽了一份孝心。

当然，"健康行"本身，不仅仅要求身体要健康，还要求追求身心灵的全面健康，通过不断地以敬畏文化为核心的六大核心价值观建设，不断塑造和健全团队成员的更加成熟的心智模式、更加高贵的灵魂。

德不配位，必有殃灾

在世界绞谷，非常重视每位成员的德行，所谓"德不配位，必有殃灾"。尤其是在核心岗位上，德行比具体技能更加重要，一个品行不端的人，即使技能再强、业绩再好，他的存在对公司而言都是负面大于正面，尤其是对企业文化的破坏性非常大。

曾经有个成员个人业务能力非常强，但入职公司不久，发现他的一些做法与公司的核心价值观及企业文化格格不入就迅速地把他开除了。比如，他是个包打听，经常打听公司领导或者其他同事的一些事情，这还可以理解为孩子好奇心强，更恶劣的是他还经常在公司同事之间搬弄是非，"说人是非者必是是非人"。在世界绞谷，严禁有办公室政治，这也是所有成员入职后感觉非常舒服的地方，这里没有勾心斗角和人事斗争，每个人都坦诚相待，如果出现搬弄是非者不加以及时阻止，就会破坏公司氛围，甚至有可能"一粒老鼠屎坏了一锅羹"，对这样的人公司一直的态度都很鲜明，那就是"零容忍"，岗位可以空缺，但公司文化决不允许破坏。

专注度和责任感是方法论的源泉

方法论是《华誓基本法》一个很重要的组成部分，世界绞谷认为，一个公司的发展壮大是伴随着人的价值论的放大和事的方法论的完善。

谁也永远不能保证所从事的事业是自己擅长和拥有经验的。事实上，任何经验更多地只适合于过去，不一定适用于未来。

广为流传的一个经典故事说的就是这个事，一个人去找上司要求加薪："我拥有二十年的经验，为什么还不如一个有五年经验的人？"上司说："你不是拥有二十年的经验，你是一个经验用了二十年。"

随着移动互联网、智能机器人等新兴技术的不断涌现和发展，大量的工作和岗位都是前所未有的，但事实上，这些工作和岗位照样有人做得非常出色，为什么？

在世界绞谷，有一条关于方法论的总论："专注度和责任感是保证事业成功的源泉。"也就是说，只要在专注度和责任感上下足功夫，就没有做不成的工作，没有办不好的事情。反过来也成立，如果一件事情没有做好，你一定是在专注度和责任感上出现了问题，不是不专注，就是责任感不够。

什么是专注度？专注度就是你要把大量的时间和精力倾注到一件事上。所谓心在哪里，成功就在哪里。现代社会，因为信息大爆炸以及智能手机的出现，让人很难集中大片时间专注做一件事，这就大大降低了人的工作效率以及效能，具体到一件事上，因为专注度不够，总是做得不够细致和完美。

从大的层面讲，因为社会的进步、大量机会释放让人很难专注做一件事，大部分人都认为机会很多，今天做这个，明天做那个，真正印证了古人说的"三天打鱼，两天晒网"。对现代人而言，不是没有机会让人成功，而是机会太多阻碍了成功。对具体的人是这样，对公司也是这样。

具体到一个人而言，总认为工作机会很多，到哪个公司都不愿意踏实下来，总认为"此处不留爷，自有留爷处"，结果在哪家公司都是浅尝辄止、进入不了核心，得不到晋升，一生就这么低水平地在不同公司之间游荡。

对一个公司也是这样，不是死在没机会上，而是死在机会太多上。大部分公司的消亡，都是死在多元化上，死在盲目扩张上。

专注度，不仅仅考验专注做一件事的能力，更考验你拒绝其他诱惑的能力，而且后者比前者更难。

什么是责任感？就是做什么事都要有尽责到底的态度，做什么事都要力求做到最好。没有责任感，事情是做不好的。

"没有为工作失眠和流过泪，对工作是没有责任感的"，这是世界绞谷流行的一句话。如果一个人真的为工作经常失眠和流泪，说明他对工作很上心，他做工作一定会越来越优秀。责任感有个最好的好处就是能激发工作的灵感。我们经常会听一些企业家讲述工作的灵感，有的来自于上厕所蹲坑时，有的来自于洗澡时，有的来自于坐飞机，有的来自于做梦，这些背后都是责任感在起作用。因为有着对工作的高度责任感，所以面对一个困难时，他时时刻刻在想着如何解决问题，所以灵感自然会迸发。

经营之神稻盛和夫在《活法》一书里说："在场中央角力"、"工作现场有神灵"、"拼命工作就会找到工作的灵感"等，无一不在说责任感对方法论的重要性。

以主流成主流，让世界绞谷快速崛起

在世界绞谷上市两年多的时间里，世界绞谷快速崛起，迅速与众多国内百强医药零售连锁达成战略合作，绞谷茶被列为各连锁的年度战略单品、年度千万单品，已成为国内主流连锁的主流品牌。这对于一个刚诞生两年多的品牌而言，取得这样的成绩非常不容易，那么背后的原因是什么呢？

世界绞谷创始人总结为"以主流成主流"的方法论。

首先，世界绞谷先选择主流客户合作，对医药零售行业而言，主流客户就是百强连锁，比如国大、大参林、老百姓、一心堂、桐君阁、众友健康等国内百强连锁。当然，这种做法是一种最难的做法，因为和这些客户合作，他们的要求很高、成本很高，但一旦合作成功，示范效应也是巨大的。

在做事上，世界绞谷一直有个原则，就是选择"先难后易"的方式去做，比如在公司的驱动模型上就选择了以文化和价值观驱动这种最难的模式，先扎扎实实在"道"上下功夫，用统一的价值观去凝聚和团结一批人，不断地用文化增强大家的向心力，增加大家共同的价值认同，在"人"上下足功夫，然后再考虑做事，有了"道"再考虑"道生一"和"三生万物"的事情。这个原则反映在选择合作伙伴上也是这样，先选择百强连锁合作，先选择最难的去做，这个一旦做好后面其他连锁及渠道的打开就会顺理成章、一泻千里。

当然，这不是"以主流成主流"的重点，因为这是所有企业都愿意做的事，问题的关键在于，凭什么主流的企业愿意和你合作？

我们知道，从本质上而言，不论是人，还是企业，合作都讲究一个价值对等性，"物以类聚，人以群分"，成功的人喜欢和成功的人在一起，主流的企业愿意和主流的企业合作。要想搞清楚这个问题，我们先搞清楚一个基本问题，什么是主流？

主流就是付出，主流就是分享

这个观点，在前文也论述过。一个人为什么能成为成功和主流的人士？本质上是他付出的比别人多，他分享的比别人多，付出得越多越主流，分享得越多越主流。你的付出和分享只惠泽一个家庭，如果你是一家之主你的付出和分享会惠泽一个群体，你就是一个企业家。你的付出和分享惠泽几万人乃至十几万人，你就是任正非和马云，你的付出和分享惠泽十三亿人，你就是国家主席。

所以，主流的基本内涵就是付出和分享，你想成为主流人士，企业想成为主流企业，比拼的就是付出和分享。没有成为主流，就是付出和分享不够，不要抱怨其他任何因素。

当然，主流不仅仅是一种结果，更是一个过程。这是什么意思？就是说，主流是一个永远动态的过程，不是说你今天是主流就永远是主流，哪天你不愿意付出和分享，你就会逐步退出主流平台。同样，你今天虽然按照某些条件来看，你不主流，比如一个初创的企业，你的营业额、品牌影响力都不大，但这并不影响你成为主流，因为你一直在付出和分享甚至比别人更多地在付出和分享。

世界绞谷就是这样，按照行业主流企业的标准，从成立时间、企业规模、品牌影响力这些结果上衡量，都算不上主流，但偏偏行业的主流客户都愿意和它合作。为什么？就是因为它的理念、格局、做法是主流的。换句话说，世界绞谷是一个特别能付出和分享的企业，他的"起手式"就是主流企业的"起手式"，他的各种市场手法就是主流企业的市场手法，主流的客户当然愿意和他合作。

比如，主流企业都有自己沉淀下来的鲜明的企业文化。世界绞谷自成立之日起，就确立了以文化和价值观驱动的企业发展模型，并本着齐分享的原则，坚持与主流客户不断分享，这是很多其他企业做不到的地方。最能代表世界绞谷企业文化的内刊《华誓系》《范贡》杂志会定期地向连锁中高层赠阅，不断与客户在文化、精神、价值观方面进行沟通和取得认同。

再比如，世界绞谷全体系的敬业，其他企业的人一天工作 8 小时，世界绞谷的人一天工作16个小时，这种敬业和付出让合作的连锁感到很舒服。为什么呢？因为你的敬业和付出可以帮助客户解决很多问题，让客户少一些问题、少一些麻烦，所以和你合作起来很舒服，谁不愿意和这样的企业合作呢？

当然，世界绞谷的付出和分享，肯定不会仅仅停留在精神层面，物质层面也是毫不吝啬的。比如，在全国所谓的"广告产品"还停留在高折扣供货的时候，世界绞谷率先冒天下之大不韪，率先降低供货折扣，让利于连锁，真正实现与连锁的"齐分享、共成长"。

　　具体到商务宴请上，也从来是真付出、真分享。每一次商务宴请，都是茅台酒、中华烟国宴级招待，按创始人的说法，"既然我们认为是我们最重要的客户，我们就要拿出最好的招待，在合作上不能玩虚情假意。"在与某连锁达成战略合作的答谢晚宴后，一个老总说："世界绞谷的招待是国宴级的招待，这是我遇见的厂家里最好的招待。"这种发自肺腑的付出和分享，这种做人的温度自然有种穿透一切的力量。这其中，也有其他企业的人说，世界绞谷的人真能装，创始人听后淡淡一笑："道不同不相为谋，我们就继续装下去。"

　　其实，从"主流"本质上而言，是一种思维和认知的产物，是不是主流，举手投足之间就能看出来，所谓"行家一伸手，便知有没有"。虽然进入行业才短短的两年多时间，创始人和行业内很多企业家都成了非常要好的朋友，很多大腕都愿意非常真心地和他交往。有很多人，和创始人见面次数也并不多，但每次见面都像是多年未见的老友，无话不谈。原因就是创始人是一个懂得付出与分享的人，是一个拥有情怀和温度的人。

企业竞争的五重境界

　　创始人把企业的竞争，分为五重境界，即分别在五种模型上竞争，从下至上分别是销售模型、市场模型、品牌模型、文化模型和人的模型。不同的模型决定了企业不同的境界，不同的模型决定了企业不同的规模和影响力。

　　销售模型，80%以上的企业都处在这个模型上，以销售为导向，买进卖出，以赚钱为唯一目的，基本上没有独立的知识产权，没有长远的规划。就拿医药行业举例，所有的产品代理商都处于此列，什么产品赚钱就代理什么，产品一旦滞销或者反馈差就迅速抛弃寻找其他产品代理。

　　市场模型比销售模型上升了一个段位，标志性的不同就是懂得投入，会为某个产品去做市场投入，比如打广告，这也是这个行业众多"广告产品"

的核心模型，以广告拉动销售。这种模型也同样面临一个问题，就是没有自主知识产权，投机性强，打广告的着眼点，更多的是为了短期的销量，而不是长期的品牌建设。

品牌模型，比销售模型更上一个台阶，就是愿意花钱去做品牌建设。所谓品牌建设，就是愿意花很多钱去做一些当下不一定能见效的事情，比如建立队伍搞研发，这在当下是根本见不了任何效果的，是一种面向未来的做法。

文化模型，这是一种高阶、高海拔的企业境界。企业不仅仅停留在做品牌层面，更上升到了建设企业文化层面，以优秀的企业文化让企业保持长久的竞争力。但凡优秀的企业，都有自己一套鲜明的企业文化体系。

对于品牌模型的弊端，拥有文化模型的企业会最大程度克服。比如品牌因为所处行业原因、因为消费升级的原因、因为有更好的品牌出现等原因，会被淘汰或者出局。比如 IBM，曾经是 PC 机时代的霸主，但后来增长有限、利润微薄，IBM 将此业务卖给联想后转型为"认知解决方案和云平台服务商"，转型成功的根本原因就是拥有优秀的企业文化。同样，华为能在智能手机领域后来者居上、大杀四方，也与其优秀的企业文化紧密相关。另一家企业也值得关注，那就是 OPPO 和 VIVO，都属于步步高系，步步高从最早的教育电子产品到现在的手机，每一个领域都做得风生水起，这与段永平塑造的企业文化也密不可分。

人的模型，是企业的最高境界，与文化模型有相似之处也有不同之处。最大的不同就是，人的模型真正确立了以人为核心的机制和文化，这种模型，永远围绕人这一核心要素开展一切运营，包括文化建设。文化模型解决了企业有相对优势的竞争力问题，但不一定能解决持续性的问题，真正建立了以人为本的机制和文化。

很多优秀的大企业，也经常出现轰然倒下的情况，比如美国的柯达、安然、安达信等。柯达倒在公司不肯拥抱变化，虽然早就掌握数码相机技术，但就是不愿意推出，总想继续依靠垄断的胶卷赚取暴利，归根到底就是人心坏了。

安然是美国最大的能源公司之一，因为造假轰然倒下，也是人心坏了。

安达信作为美国五大会计师事务所，帮助安然造假，也随之倒闭，也是人出了问题。

这些企业不可谓不优秀，不可谓没有优秀的企业文化，但没有解决人的问题，最后倒在了人的劣根性上。

这五重竞争模型，自下而上，综合运营难度依次增加，门槛也随之加大，尤其是从市场模型切入到品牌模型，是一个生意人和企业家最本质的区别，企业家会着眼长远，敢于投资未来，而生意人，即使再成功的生意人，都是立足于短期挣钱的投资，投机属性明显。

从品牌模型要上升到文化模型，最主要考量的是企业家自身的理想、格局和境界，他不仅仅满足于打造一个产品的品牌，更立足于打造一家有文化底蕴的公司，打造一个久经考验的团队。

至于人的模型，就是文化模型的升级版，确立真正基于"何为正确的人"的机制和文化，最大程度上确保人不出问题。

"更多利益相关者"的市场驱动模型

世界绞谷在市场拓展过程中，已初步形成自己特有的市场拓展方法论，那就是紧密围绕"人是一切的核心"这一关键要素，由传统的"终端模型"升级为"中枢模型"，真正和战略合作伙伴紧密协作，自上而下完成市场战略及策略在"人"上的落地，进而实现市场的成功运营。

人是一切的核心，市场拓展也一样，再完美的战略，别人不理解不接受，执行起来一定一塌糊涂，这也是大部企业战略和策略落不了地的原因。很多企业过去都习惯采用"终端模型"，即派出大量业务人员做终端工作，但现在这个方法越来越失效了，为什么？这就好比一个人，从大脑中枢开始，你就没做好工作，却非要在腿脚上下功夫，力图按照自己的意志把腿脚往前挪、往左移，腿脚明明没有收到大脑中枢这样的指令，你硬要挪动，只能落一个出力不讨好的结局。

在连锁越来越规范的今天，"终端模型"越来越不管用，因为连锁越来越要求规范化，要求一切行动听指挥，怎么会允许一些不受总部指令控制的动作出现呢？

因此，如何和客户自上而下地在战略上取得认同才是关键。世界绞谷经过两年多的市场实践，不断依据市场优化和升级市场战略，逐步形成了"以主流成主流"的战略思想和"更多利益相关者"的市场驱动模型。

具体而言，根据不同的市场进度和所处阶段，可分为**"破二保基"**、**"抓中破四"**、**"全面破四"**、**"深度破八"**等不同的市场驱动策略，不同的阶段，市场的基础目标不同，沟通和对接的人不同，相对应的策略及方法也就不同。最终实现市场进程的层层递进、人员的自上而下、销量的不断拉高的效果。

需要特别指出的是，"更多利益相关者"并不是庸俗意义上理解的物质奖励甚至是行贿，它是一种广义的概念，即通过全面深度的沟通及服务，让更多的人参与到世界绞谷的大局中来，让更多的人感觉到"与我有关"，而不是"关我屁事"。

对连锁的高中基层而言，高层为连锁获得品类的战略补缺和布局，中层获得更好的业绩，基层获得更高的收入。

限于该驱动模型还在继续实践和完善中，具体细节就不再赘述。

世界绞谷的复盘方法论

"复盘"一词，最早来源于围棋，也称"复局"，是指在对局完成后复演下棋的过程，以检查其中的得失过错，这也是所有围棋高手的自我提高的常用方法论。

"复盘"最早在中国企业界流行，得益于柳传志和联想集团不遗余力的推广。在 2001 年，柳传志第一次在联想集团提出"复盘"，并不断地实践

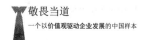

和总结，经过十多年的经验提炼，最后于 2001 年在联想全球推出成为整个联想系标志性的方法论之一。

柳传志说："复盘是联想认为最重要的一件事情。"他认为"跟书本学，跟自己学和跟别人学，最多的最深刻的还是跟自己学，自己学无非就是复盘。一件事做完以后，做成功了或者没做成功，尤其是没做成功的，坐下来把当时这个事情，我们预先怎么定的，中间出了什么问题，为什么做不到，把这个要理一遍，这个理一遍以后，对下次做，自然这次的经验教训就吸收了。"

柳传志这段话，除了对复盘进行系统的梳理讲解之外，还提出了一个很重要的命题，就是自我学习最重要的手段就是复盘，一个一味低头往前冲、不能及时复盘的人是成不了将帅的，因为你没有"复盘"就没有"方法论"，就不能指导自己和团队作战。因此，个人的学习能力，最重要的考核标准之一就是个人的复盘能力，负责读书、实践等都会沦为"狗熊掰棒子，弄一个丢一个"，没有任何沉淀与积累。

现在，"复盘"基本已成为各企业的经营方法论的标准配置，不同的是，对"复盘"的理解和执行程度决定了"复盘"的效果和层次。

世界绞谷的"七度复盘论"

早在 2013 年 8 月 1 日世界绞谷成立之处，公司就确定了每年 8 月 1 日为公司的"复盘日"，系统复盘过去一年以后的各项战略决策、经营策略、执行细节等，及时对优势经验进行总结提炼及复制，对错误教训进行刨根问底地避免重复发生。

我们都知道，任何一件事情，从认识其重要性到做到极致，这中间要经历不断地实践、不断地复盘、复盘的修正、不断地再实践等无数次螺旋式上升的过程，根本不是一蹴而就能解决的。联想从 2001 年提出到 2011 年全球推广经验，中间历经了 10 年的过程，可见一个方法论的成型及成熟是多么艰难的一件事情。

正是基于此，世界绞谷的"七度复盘方法论"，从意义、原则、方法、流程、工具、内容和价值等七个方面，对"复盘"本身进行系统的总结分析，在体系内开始推广及实践。

意义：要真正从内心认知到复盘的意义，没有意义层面的深度认知，复盘就容易走形式化。

原则：复盘的原则是"对事也对人"，事是人做的，人是做事的。传统意义上的"对事不对人"基本上是骗人的，不对人复盘就会停留在浅层次上，起不到真正的作用。

方法：复盘的"124方法"，即"一个中心、两个基本点和四项基本方法"，通过比较成熟的方法来推进复盘的可执行性和落地。

流程：复盘要形成规范化的流程，要有充足的准备、严谨的过程和事后的执行，没有好的流程，复盘就会仓促和混乱，效果大打折扣。

工具：复盘要逐步形成简单化、可操作性强的工具、模板和模型，才能逐步由上而下得到推广。如果不形成具体的工具，人群和层级的覆盖面就会受限。

内容：每次复盘的内容设置也很关键，要能紧紧围绕重要的富有价值的事情进行复盘，尤其是大型的复盘会议。选题选得不好，一群人为一件不重要的事复盘几天时间，就成了典型的内耗。

价值：所有的复盘要形成有价值的结论和方法，没有结论和方法的复盘是无效的复盘。复盘之后得不到推广执行的复盘，也是无效的复盘。复盘本质上是基于未来的一种行为，是以过去优化未来的行为，所以，复盘没有对未来进行优化是失败的。

复盘的"124方法论"

世界绞谷的"124方法论"，即"一个中心、两个基本点和四项基本方法"。具体来讲，就是以华誓基本法为中心，以人的价值论和事的方法论为两个基本点，以"战略管方向、策略管路径、执行管结果、复盘管对错"为四个维度进行复盘。

所有的复盘，必须紧密围绕华誓基本法展开，以夯实和完善华誓基本法为中心，以人的价值论和事的方法论为两大依托，从战略、策略、执行和总结复盘等四个方面，进行一次全面的复盘，让系统和个人得到一次全面的洗礼及提升。

具体操作方法，大致可分为四大步骤，即回顾目标、评估结果、分析原因、总结经验和运用推广。

回顾目标：从回顾当初的战略、策略、目标等方面的制定开始。当初是怎么想的？当初为什么这样想？为什么这样制定目标？当初制定目标的依据是什么？

评估结果：对照设定的目标，检视完成情况，不论完成的好与坏，都要客观地敢于真实面对，不能藏着掖着，更不能掩饰和弄虚作假。

分析原因：仔细和深入地分析其中完成和未完成的原因，问题到底出在哪个环节？是战略、策略制定就有问题，还是执行环节出现问题？为什么会出现问题？是出现在"事"的层面，还是"人"的层面？

总结经验：做得好，为什么做得好？下次能不能做得更好？换个人能做好吗？做得不好，问题在哪里？事情没到位，还是人出了问题？下次怎么避免？

运用推广：复盘后要形成可执行的方案在体系内学习、运用和推广，好的方法怎么去复制？发生的错误下一次或其他人，如何举一反三避免再犯？

总之，世界绞谷在不断实践"复盘"的过程中，不仅仅重视复盘的全过程，更重视"复盘"本身，对"复盘"本身的研究也要不断深入，让复盘成为公司一项重要的系统精进的战略举措，让复盘成为每个人不断成长的重要方法。

对事更对人

我们很多人在总结时，在复盘时，总爱讲一句话"对事不对人"，这句话流传甚广，毒害也甚大，复盘想卓有成效，必须解决掉这种错误的认识，这种"老好人式"的废话。

"事是人做的，人是做事的"，人和事本来就是一个硬币的两个方面、是无法区分的，是根本做不到"对事不对人"的。因为任何一件事刨根问底到最后就是找到人头上，任何一个人评价你的价值最重要的依据就是你干事漂不漂亮。那么，怎么能做到"对事不对人"呢？

在世界绞谷，特别重视对人的研究，问题的出现，首先也会想到人的问题，也就是所谓的"对事更对人"，不在人身上找问题是根本没办法复盘总结的。

当然"对事更对人"，"对人"的出发点是帮助一个人去进步和提升，不是整人和害人。这点非常重要，要从公司一开始就要把根儿立正，否则也就会形成"复盘会就是人事斗争会"的恶果。

世界绞谷的会议方法论

"一场会议就是一个分水岭"。

"参会的人决定了不参会人的命运"。

"规范的会议是推动工作的有效手段，是检验团队素质和水平的有效手段"。

……

在世界绞谷，关于会议的价值论述有很多，会议已切实成为世界绞谷体系推动工作的最重要手段之一，成为世界绞谷赖以生存发展壮大的重要方法论之一。

会议的价值，核心体现在"面性沟通和推动"上，一般的人对人沟通是点状沟通，影响力停留在孤立的一个个点上面，而通过会议形式则把影响力放置在一群人之上，呈现出面性分布，影响力会呈倍数放大。

正是基于此，我们看到，只要是一群人，就会有"会议"这种沟通形态发生，大到一个国家的各种形态的会议，小到公司、家庭都会在解决问题时借助会议，不论你承认不承认，有人的地方就会有会议，因为这是解决多人沟通的最重要的方法。

基于会议的重要性，对会议本身的研究也早就成为一门学问或者学科。国外关于会议有一本非常权威和经典的著作《罗伯特议事规则》，专门阐述了众多与会议相关的规则，成为该领域的权威奠基之作。值得一提的是，该书早在1876年就出版发行，也大大促进了西方各类会议的严谨、规范和制度性发展。

华东师范大学的向国敏教授，也一直在该领域进行深入研究和探索，《会议学和会议管理》就是他的代表作品，系统翔实地从会议功能、会议分类、会议组织、会议规则等多方面进行阐释，并把其上升为"会议学"学科范畴去看待。

实事求是地说，对会议的研究及相关成果普及是一件特别有意义的事情，因为虽然我们一生都要参加或者组织不计其数的会议，但我们并没有与会议相关的经验及知识储备，大部分的会议，也流于形式，成为资源内耗的典型形式。

一场会议就是一个分水岭

会议开得好，每一次会议都会有实质性的改变，对所有参会人而言，犹如上了一堂受益匪浅的课，尤其是许多具有关键转折意义的会议是典型的"一场会议就是一个分水岭"。

在世界绞谷，对会议这种沟通和推动工作的形式一直高度重视，依据不同的性质和主题设置了不同的会议形式。

每日晨会晚会，对当天工作进行部署及总结复盘，是追求日日精进的核心方法之一。尤其是对于销售部门，及时的信息反馈及沟通，做到事不过夜，又极大提升了工作效率。

周视频例会，检视一周工作、通报本周重要信息、部署下周重点工作，是过程控制的重要手段。

15 执行系统会议，以 15 天为一个单元对核心工作目标进行检视，避免出现"坏结果月底见"的境遇，月底出现各种结果都已到了无法挽回的地步，只能安排到下月挽救，而下月很有可能还会再现"坏结果月底见"的结果。因此，以 15 天为单位进行一次检视，可极大程度地对目标实施有效管理。15 执行系统会议，也是世界绞谷特色的会议制度，是过程控制非常有效的手段。

月度会议，系统总结本月的工作，全面计划和安排下月工作，在月度会议上会有一次全面的复盘，尤其是目标不达标的事情，要复盘出具体原因，起到体系性的警示及提升作用。

季度会议，全面总结复盘上季度工作、计划安排下季度的工作。

年度会议，也就是所谓的年会，与大部分企业年会不同，世界绞谷的年会有几大特色，一是会邀请父母及家属出席，全面汇报公司的发展进程，二是年会以工作总结及计划为核心，大会议之后会陆续召开很多专项会议，分别就不同系统、不同部门、不同市场、不同主题等召开会议，系统总结和全面计划。

2013 年的年会，从 2013 年 12 月 27 日，一直召开到 2014 年 1 月 10 日，全程历时 15 天，会议分三个阶段、三大主题和九个分议题。

复盘会，每年的 8 月 1 日和 1 月 2 日到 1 月 4 日，分别为世界绞谷的年中复盘日和年终复盘日，在复盘会上，会专项地就精选过的主题进行深刻复盘。涉及敏感的以人为主题的复盘，全程不录音、不录像、不做纪要。

规范的会议是推动工作的有效手段

不仅仅在企业内部，世界绞谷在与客户的合作上，会议也成为了一项极其重要的工作推动手段，而且实践下来成果斐然。

战略联席会：每与一个客户达成战略合作之后，战略联席会是必不可少的最重要的一个会议。会议会邀请客户的中高层出席，尤其是"一把手"要出席。会议的核心功能，就是解决与客户的战略认同、文化认同和价值认同的问题。事实已经证明，只有与客户的中高层达成高度认同，接下来的工作推进才会顺利，这也是"中枢模型"的内涵所在。客户的中枢神经不动，手脚是不会动的。

中层运营会：依据双方达成的合作及战略联席会达成的共识，在中层运营会上进行战略及策略的宣贯，确保连锁中层一级能真正地理解和贯彻。连锁中层是特别重要的一环，否则再好的战略及策略也只会停留在共识里和纸面上。

店长运营会：通过店长这一终端销售核心要素，让所有的战略及策略落地，店长运营会开得好，销量提升立竿见影。

全员培训会：是主要以店员为主的培训会，以产品知识及销售技巧为主，让店员切实掌握相关的专业知识和全面总结提炼出的优秀销售经验。

通过上述系统的会议推进，世界绞谷与客户不仅达成了战略共识，更把工作层层落实和推进，直至最后一个环节到店面、到店员。

从世界绞谷的上述会议来看，有个明显的特征就是紧密围绕"人"来组织开展不同的会议，这也是世界绞谷一贯坚持的"人是一切的核心"的具体体现。

总之，会议的重要性不言而喻，我们需要做的是要真正静下心来，把每一场会议组织好，并开出成效，让这种面性沟通发挥其最大的价值。

第 4 章

以 0.1g 的良知做有温度的品牌

要怀敬畏之心，才能做出一款好产品。

好人品决定好产品，好品性才会有好品牌。

坚守 0.1g 的良知，纯利润少了 5%。

60% 的回头购买率，产品力就是企业的生命力。

坚决拒绝"做短线挣快钱"，因为这会坏了团队的心性。

0.1g 的良知

在世界绞谷，一直流传着 0.1g 的故事，后来，一系列与品质、良知相关的事情都用 0.1g 命名，事情是这样的。

2014 年 11 月 11 日，全公司讨论了一件事——关于 0.1g 的事。事情的原委是这样的：世界绞谷的小茶包重量是 2g，法定误差范围为 ±0.1g，也就是说，重量在 1.9g 和 2.1g 之间，都是合格的。个别企业"聪明"地抓住这个规定，选择把重量调到 1.9g，这样整体节省了 5%，1 个亿就省出 500 万的利润，10 个亿就省出 5 000 万的利润。5% 是非常可怕的一个数据，因为很多企业的纯利润率也就 5% 左右。

虽然这是合法合规的，但是这不合良心，因为既然包装盒上写的是每小袋 2g，就要给足消费者 2g。其他一切以国家规定去向消费者解释，看起来都是苍白的。就这样，世界绞谷坚决抵制了这种诱惑，给消费者一袋足量的良心好茶，坚守 0.1g 的良知。

在这一天，世界绞谷坚守住了自己的良知，战胜了自己的不正之欲，在精神和灵魂上进行了一次洗礼。

这一天，被命名为世界绞谷的"质量日"，世界绞谷一直倡导的良知，也有了可见的、具化的载体。因此，世界绞谷体系内一直倡导的良知，被命名为"0.1g 的良知"。

0.1g 的理想

良知在哪里？理想在哪里？之后我们简单来探讨责任在哪里？

相对于集体、公众以及社会而言，一个人基本的良知首先是对自己的良知，是对自己作为人的良知，是对自己作为一个人的存在感的良知，这个对

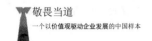
于自我的良知应该是探讨一切的根本和前提。

对于良知之后理想的刷新，就意味我们必须找到自己的存在感，存在感在很大程度上可以理解为被认可度，因为实现理想的过程就是一个不断被认可、不断强化自我存在感的过程。从这个角度理解，我们可以残酷地认为，没有理想以及实现不了自己相对应的理想，我们可以默认为没有存在感，这就是我们常说的死于二十五，葬于七十五。

0.1g 的责任

良知、理想之后，我们来谈谈真正的责任感。

我们一直认为，真正的责任感就是付出的过程，准确讲，是发自内心、积极主动、自律高标的付出过程。我们以这个标准来衡量的话，就能理解真正的责任感的塑造是艰难的、坚实的，这里面没有任何水分而言，我们可以称之为干货，称之为 0.1g 责任。

事实上，很多时候我们年龄增大的过程，不是逐步担当的过程，而是良知、理想、责任萎缩的过程，这就是我们过去强调的从正版到盗版的过程。因为在现实生活中能够逐步认识到一些事物的本质以后，还能在生活中铿锵有力地打拼，去践行自己的责任，能做到这些非常不易。

在团队建设的过程中，在我们继 0.1g 良知、0.1g 理想之后，我们如何以 0.1g 责任来切实优化自己的本职工作？如何以更加自律主动的姿态做好自己的工作？如何驱动一个部门、一个区域、一个中心、一个系统、一个平台乃至一个生态的系统发展？这是我们所谓有志气与有所作为的人都不能回避的问题。因为成功、失败、习惯、心理都有惯性，我们不可能设想当有一天自己就彻底改变的状态，这种状态也不可能存在。因为集体之所以存在，就是因为这个相互约束、相互激励、相互优化的组织。如果我们在组织中不能做到有序成长，我们所有的良知、理想、责任也终究都会碎一地。

附：0.1g 的理想

2017 年 4 月 14 日

继续 0.1g 良知之后，我们这几天会探讨 0.1g 理想和 0.1g 责任的问题，今天我们就集中探讨 0.1g 理想的问题，0.1g 理想的意思就是哪怕有一点点理想？我们今天不是探讨理想大小的问题，而是探讨到底有没有理想的问题，这应该属于定性的问题。

现在是凌晨 4 点 17 分，飞机晚点了，刚刚到酒店。今天在机场我想到了这个问题，我们很多时候鼓励自己走下去的力量到底是什么？我们能够不断经受磨难的资本到底是什么？我们是否能真正搞清楚我们的每一份辛苦到底是为什么？这些问题表面很简单，但其实回答起来特别复杂，因为敢于真正面对并弄清楚的人还是少数，因为这里面深层次涉及有没有理想的问题，而不是理想大小的问题。

如果一点理想都没有，我们的打拼到底为了谁

我想我们很难完全为了家庭、为了孩子来回答这个问题，实践也证明多少例子不能解决这个问题。我们是否可以从这个层面来理解，我们所有的理想都是为了自己，为了自我实现，为了自己内心真正的愉悦和解放，为了自己精神层面的提升。我想只有弄清楚这个问题，我想我们所有的苦都不是苦，否则我们就会认为在为别人代劳。

我们所有人都要认真思考这个问题，首先必须解决有没有理想的问题，怎么样才能证明自己有一些理想呢？我想无非从一个人的主动性、自律性来解释了。这么多年，我一直认为无形的东西的约束才是有力量的，有形的东西的约束价值都不大。否则，我们如何解释革命年代的仁人志士呢？特殊时期对人的高要求都不是无形的吗？我想革命年代没有那么多可以解释和执行的制度，我想我们不可以拿量化的东西来考核革命。

同样在今天，衡量我们的阶段性价值的标准到底是什么呢？我们是否可以从另外一种角度来考虑这个问题，活到 25 岁和活到 75 岁到底有什么区别？我们想有什么区别？我们是否打算让它有区别？我们是否有能力让它有区别？能有多大区别？

每个人都必须直视这个问题，这是一个定性的问题。

平利县的困境

平利县，位于陕西省安康市，地处秦岭腹地，位于北纬 31 度，是全球动植物最佳生长区，是全球公认的绞股蓝黄金产区，"平利绞股蓝"是国家工商总局认定的中国驰名商标，是国家质检总局认定的原产地域保护产品。

图 4-1　中国最美乡村、绞股蓝原产地——陕西平利县

1985 年，经日本药用植物研究会会长竹本常松教授团队化验，来自平利的绞股蓝各项理化指标居世界同类产品首位，在国际上专门命名为"中国平利绞股蓝"。

1986 年，绞股蓝被列为原国家科委"星火计划"、"待开发的名贵中药材首位"。

1991 年，原政协副主席、国务委员兼国务院秘书长陈俊生专程为平利绞股蓝题词"让绞股蓝造福人类"。

2001 年，国家林业局将绞股蓝列为国家重点保护植物。

2002 年，原国家卫生部将绞股蓝列为保健食品名录，从国家层面明确了绞股蓝的治疗及保健功能。

自 2002 年之后，因为被列入了保健食品名录，从国家层面讲，规范了绞股蓝的应用，但对平利县而言却无疑是一场灾难。列为保健食品目录后，绞股蓝只能成为药品或者保健食品的原料，不能作为普通食品的原料，过去以普通食品形式存在的绞股蓝茶、绞股蓝饮料、绞股蓝可乐、绞股蓝酒都被禁止销售。

这对平利县的绞股蓝产业化是致命的打击，因为没有相关的保健食品批文，不能以成品形态销售，只能靠种植绞股蓝和卖原料维持，全县的绞股蓝种植面积出现倒退，因为种植的绞股蓝卖不出去，农民都不愿意种植。

从政府角度而言，平利县作为全球绞股蓝黄金产区，绞股蓝作为平利县最有特色的名片，好不容易有这么一个差异化强、有竞争力的产业，却苦于没有相关批文，绞股蓝迟迟得不到规模化、产业化的大发展。

一张小小的关于绞股蓝的保健食品批文，成了横亘在平利优质绞股蓝和市场之间的一座大山。

26 万老百姓的热情

2013 年五一期间，世界绞谷创始人一行专程去平利县考察全县的绞股蓝发展状况，对平利县的土地资源、绞股蓝种植规模、现有产业发展现状等做了一个彻底的摸底。

平利县政府相关部门负责人接待了创始人一行，在考察的第三天，天空下着雨，双方驱车上山考察绞股蓝的种植情况。山路非常崎岖，而且是单行道，加上下雨路滑，一路非常的惊险。当地官员讲："绞股蓝作为平利县的优势产业，尴尬的是一直没有保健食品批文这张市场准入证，为了能摆脱这一个现状，政府先后也做了非常多的努力，但一直没有转机，所以非常真诚地希望有实力的企业来投资，解决这一难题，真正把绞股蓝推向市场，我代表平利县 26 万老百姓真诚地希望你们能来平利县投资！"

办理保健食品批文，不仅仅需要大量的资金，更重要的是由于其特殊性，需要做大量的实验，如功能性实验、稳定性实验、毒理性实验，需要至少两到三年的时间。

通过对平利县的考察，投资进军绞股蓝产业其他条件都不错，核心焦点聚焦在了能否拿到绞股蓝茶的保健食品批文，如果拿不到，一切都无从谈起。

于是，从平利县考察回来后，创始人把所有的精力都花在了如何办理一张绞股蓝茶的保健食品批文上。

晴天霹雳：单方茶已停批

回到西安后，创始人赶紧安排人去省食品药品监督管理局咨询如何办理保健食品批文，得到的答复无异是晴天霹雳，单方茶的保健食品批文已停批，你们想办绞股蓝茶的单方批文是根本不可能的。

从原料的分组来讲，保健食品可分为复方和单方两种，绝大部分的保健食品都是复方，即一个保健食品由多味原料组成，单方则是只由一种原料组成，单方保健食品非常稀缺，比如绞股蓝茶，就只有绞股蓝一种原料构成，不含其他任何配料、辅料和添加剂。

为了解决、弄清楚这个问题，又赶紧派人去北京到国家食品药品监督管理总局咨询，也得到了同样的不予办理的答复。想办可以，所有名为"茶"的保健食品，原料里必须含有绿茶，然后再至少含有三种以上的其他原料，这样可以申请一个茶剂的保健食品。

有的人给出主意，实在不行，你们就申请一个含有绞股蓝的复方茶的批文，赶紧找一个科研机构，以绞股蓝和绿茶为主要原料，再配上点其他原料，申请一个保健食品。

创始人及团队坚决不同意这种方案，原因有三：

一、复方配伍下来就不再是"绞股蓝茶"，这样一做产品就彻底失去了竞争力和品类优势，成了无"根"的产品。

二、已确立以全产业链的思路来做，这样一来，还要去种植配伍中的其他原料，比如配伍中有黄芪还得种黄芪，配伍中有枸杞还得种枸杞，战线拉得太长。有人说，你直接采购就可以，为什么非要自己去种植呢？不自己种植、不亲自把控原料的每一个环节，怎么能保证安全性和有效性？

图 4-2　收获季节茶农采茶忙

三、按照国家规定，复方茶里必须含有绿茶，但绿茶中含有茶多酚，有提神的作用，会影响睡眠。绞股蓝有安神、促睡眠的作用，绿茶一定会大大抵消绞股蓝的促睡眠作用。另外，茶多酚还会和部分西药发生化学反应，也就是俗称的解药，这对未来的市场很不利，还要根据消费者现在吃什么西药和茶多酚冲不冲突来决定是不是要购买，严重影响未来适用人群的广度。

单方茶已停批，不能申报了，复方保健食品的方案被否决，一时陷入了困境。

柳暗花明：来自军工厂的希望

正在整个事业推进陷入困境时，有人提议能不能从别人手里转让一个批文过来？这是没有办法的办法，是最后一条路，成功的希望很渺茫。一是绞股蓝茶的保健食品批号本身就紧缺，二是你想买，别人也愿意卖才行，否则剃头挑子一头热，没有用。

经过了解，名为"绞股蓝茶"的保健食品，国家曾经批准过三个，一个在广西，一个在安徽，巧的是，还有一个在陕西汉中。

那么，就先从同处陕西的汉中的企业开始。经过了解，这是一家隶属于中国核工业集团的军工企业，在 20 世纪 90 年代末，因为当时军工企业不景气，国家当时有政策，可以自己搞三产，自己养活自己。于是，这家军工厂就进军了很多产业，比如食品、保健食品和化妆品等。也就在那个时候，他们申请了一个绞股蓝茶的保健食品，产品上市后在全国销售得非常不错，产品由著名评书艺术家单田芳作代言。后来，军工企业自身业务逐步好转起来，再加上国家后来禁止军工企业再搞三产，这个绞股蓝茶就束之高阁。

这正是一个好机会啊！既然军工厂自己已经不允许生产销售绞股蓝茶，那从他们那里把这个绞股蓝茶批文购买过来不是正好吗？

但这时候问题又来了，一是军工企业由于性质特殊，基本上不与地方打交道，根本联系不上人。经过多方联系，终于联系到了该军工厂的相关负责人。一次又一次地与对方沟通，谢天作为具体经办人，先后十几次驱车去汉中协调沟通。最后终于有了结果，对方答应可以转让。每次和世界绞谷洽谈，都是以一个团队在沟通，包括副总经理、财务、纪委、工会、办公室等相关人，每次洽谈都有会议纪要，都要集体签字。

就这样，双方终于就批文达成了一致。

这张批文拿得不容易

批文对方终于答应可以转让了，新的问题又出现了。保健食品转让，国家需要有完备的相关各项资料。因为十几年过去了，军工厂也物是人非，当初负责保健食品这块业务的人，退休的退休，调动的调动，这张保健食品批文，缺少很多资料、需要补充很多资料。

创始人一咬牙，不行也得行，那我们就自己想办法，绞股蓝我们做定了！有多大的困难我们都要克服！于是，先从变更批文持有人、激活批文开始做起，一旦变更不了持有人，激活不了批文，那么后面转让都无从谈起。因为军工厂现有的公司名称，从 2000 年开始，历经多次变更，早已不是批件显示的公司名称，于是先从帮助军工厂变更持有人开始，在工商局先查询企业的历次变更记录，一步步地开始去做。

"2013 年 12 月 20 日，我在国家食品药品监督管理总局网站上看到变更信息成功，我哭了，一切都值了。"这是谢天后来在《有根走天下》中回忆当时的场景写下的话。

当然，这是第一步，接下来还需要正式地从该军工厂转让到世界绞谷名下。于是，又开始相关补充资料的完善和准备，经过近一年多的筹备和等待，终于在 2014 年 9 月 18 日国家正式成功批准。

"当 2014 年 10 月 12 日第一袋茶从机器上走下的那一刻，我知道属于我自己的路才刚刚开始，我们可以真正主宰自己，但路依然会艰难。"谢天说。

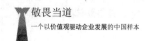
附：十年前的世界绞谷

2016 年 5 月 5 日

2006 年，我当时带着功能水球回来，开始为全家人找吃喝。回来以后我们全家开了一个会议，决定停掉一切小的项目，开始集中做功能水。就在那时我安排二哥做了一件事情："我们一定要找到当地有特色性的，并且未来可以放大到全国的产品来做。"当时，我们就选定了绞股蓝。

就是在这样的背景下，我在 2006 年 12 月份第一次去了平利县，在 2008 年汶川地震之后第二次去了平利县，之后就对绞股蓝这个品类一直念念不忘。一直到 2010 年功能水清盘，我们想动这个品类，后来就去北京做了视光行业。最终，我们决定于 2013 年开始启动世界绞谷的综合筹备，一直到 2014 年底拿到独立的知识产权。

时至今日，世界绞谷上市运营第二年，完全进入了品牌推广的攻坚期。但仔细算来，我们从对这个品类起意到今天已经十余年了。截至 2016 年 8 月 1 日，我们从办理知识产权到运营世界绞谷将整整三年，这三年里我们的老同事都和我一样吃尽了苦、熬透了夜。实践充分证明，我们选择世界绞谷完全正确，这里面出现的超越我们预期的奇迹在这里我就不再赘述了。今天，这个《华誓系》我主要想说明任何一个品牌的成长都是极其艰难的，当然想很快弄钱的除外，想一年内弄钱的当然更应该除外。

按照我们的预定规划，三年一小步，五年一中步，十年一大步，我们华誓控股、世界绞谷运营至今年 8 月 1 日将走完一小步。这一小步我们走得很艰难，尤其是前期独立知识产权的办理，毕竟全国绞股蓝单方入茶的批号仅有三个，全球绞股蓝黄金产区的批号就我们一个，更为重要的是绞股蓝单方入茶国家已经停批了。

想象过去的艰难，我们可以更镇静地理解未来。

真正理解了，我们就知道责任了。

知道责任了，我们就长大了。

真正长大了，就承担吧。

你说呢？

黄金产区，黄金品种，黄金部位

"好人品决定好产品，好品性才会有好品牌"。做实业就是做良心，容不得半点马虎，只要你敢偷工减料、以次充好，蹦跶一时可以，迟早会被淘汰，大量的企业就死在了没有良心上。

图 4-3　位于平利县的绞股蓝基地

为了确保绞谷牌绞股蓝茶能达到最好最佳的品质，世界绞谷决定，产品只选用绞股蓝黄金产区平利县的绞股蓝，不再琢磨去其他产地种植或者收购，仅此一项，产品成本就高出不少。药材一定要讲究道地，道地的药材会比非道地的药材价位高出不少。但为了真正能给消费者奉献一杯货真价实、功效显著的健康好茶，这一切都是值得的。

绞股蓝有很多品种，从叶子多寡划分，可分为三叶绞股蓝、五叶绞股蓝、七叶绞股蓝和九叶绞股蓝，最常见和最常用的是五叶和七叶，这中间学问也大得很。

五叶绞股蓝，又名五叶参，性平味甘，因为口感不苦，饮用时还有淡淡的清香味和回甘，所以最适合制茶，但成本要高。七叶绞股蓝，又名七叶胆，听名字就知道，性寒味苦，因为口感苦，不适合制茶，只能用于制药。

五叶绞股蓝比七叶绞股蓝价格要高，但因为口感好，效果好，最适合制茶，所以绞谷牌绞股蓝茶，全部采用五叶绞股蓝入茶，虽然成本又高出一截，但却是非常值得的！

市面上有些不良企业，为了降低成本，把七叶绞股蓝也拿来制茶，为了去掉苦味，他们在里面非法添加白糖，这简直就是谋财害命。因为很多糖尿病人喝绞股蓝茶就是为了降糖，结果无形中却天天在喝白糖水。

这还不算完，世界绞谷为了把产品做到极致，绞谷牌绞股蓝茶只选用绞股蓝的叶和茎入茶，为什么？因为经科学测定，绞股蓝里的功效成分含量最高的两个部位就是叶和茎，这么一来，产品成本又高出一大截，因为别人可是全草入茶，但世界绞谷坚信，公道自在人心，你的良心之作，消费者迟早会感受到。

没用多久，世界绞谷就得到了消费者的回报！

60%的回头购买率！60%的回头购买率！60%的回头购买率！

产品上市后，消费者反响超出预料的好！不是小好，不是中好，是大好！

不仅仅口感清香、回味无穷，而且汤色鲜亮、品相上等，最重要的是，效果非常好，对失眠、便秘，见效非常快，饮用几个月后，"三高"就会明显改善。经绞谷茶专卖店的数据反馈，上市半年后就出现了60%的回头购买率，更有大批客户成为了常年饮用的忠实客户。

消费者最常讲的一句话就是"没想到绞谷茶这么好，口感很好，效果也这么明显，以前也喝过其他绞股蓝，和你们差远了！"

是的，良心之作迟早会被发现！

父母愿意喝我才愿意卖

2014 年 10 月 12 日，第一批产品下线后，创始人决定产品全部留下来给所有的成员及成员的父母饮用。

"父母愿意喝，我才愿意卖"。一个产品如果自己都不愿意喝，自己父母都不愿意喝，你有什么底气、有什么信心让其他人喝，让其他人的父母喝！从产品下线的那一刻起，公司所有的其他茶叶都被扔了，"从现在开始，我们这辈子喝的唯一的茶就是绞谷茶，"创始人宣布。于是，公司所有人每天只要喝茶都是喝绞谷茶，在办公室、在家里都是。

公司服务系统负责人陈陈，年纪轻轻，在第一次体检时查出是高血脂，后来每天就这么喝着绞谷茶，等到第二年公司组织体检时血脂各项指标都正常了。

公司销售中心有个同事杨妃，以前一直是低血压，很神奇的是，喝了绞谷茶一段时间后，血压正常了。这也是陕西师范大学生命科学学院肖亚萍教授在接受中央电视台采访时说的，绞股蓝有双向调节血压的作用。当时只是听听而已，现在真的得到了验证。

公司财务中心的朱大姐，常年的老便秘，喝了绞谷茶后，便秘治好了。

几乎所有的同事都反映，喝了绞谷茶后，再也没有失眠过，睡眠质量得到空前的改善。

来自父母的饮用效果反馈更让人惊喜。张吾忌的母亲，喝了绞谷茶后脸上的老年斑变淡了，头发根竟然新长出了黑头发。一个同事的姥爷，八十多岁了，喝了绞谷茶，睡眠变好了，胃口比以前好很多，一顿能吃两个馒头。

所有的父母都反馈，睡眠和便秘得到了极大的改善、精神也好了很多，以前白天爱犯困打盹，喝了绞谷茶精神了很多。

面对这一个个活生生的案例，所有的付出都是值得的！看着自己和父母的改变，所有世界绞谷的成员都倍感欣慰，信心大增，这么好的产品力岂有做不好的道理！

就这样，世界绞谷在父母的一张张笑脸中开始扬帆起航。

别人是年检，我们要批检

"食品安全大于天"，自进入这个行业，世界绞谷就认识到保健食品是一个非常特殊的行业，这是一个"人命关天"的行业，这是一个一直要"战战兢兢"、"如履薄冰"的行业，稍微出点纰漏，可能就是万丈深渊、万劫不复。

行业内最著名的案例就是"三株口服液"，年销售 80 亿，因为常德一个老汉喝死一件事就轰然倒下，虽然吴炳新一直勉力经营，但再也不复当年的雄风。后来虽然真相大白，常德老汉并不是因为喝三株口服液致死，但已经没人愿意去聆听和相信。中国老百姓都是宁可信其有、不可信其无，管你真相是什么，反正你喝死过人。正所谓"一个老汉撂倒一个企业"，"一个老汉的死让另一个老汉半死不活"。

在普通食品行业出现食品安全事故的事就更多了。所以，世界绞谷一直对产品质量严格把关，企业内部制定的各项检验、检疫制度要远远高于行业和国家标准。

保健食品的检验，一般都是采取自检的形式，国家为什么这么做？因为有倒逼机制，国家会定期地进行飞行检查、进行抽检，一旦检查出有问题再进行追责。

所以，一般的企业都是采取自检。因为现在进驻连锁都会索要检验报告，而这个检验报告一般都默认要的是第三方的检验报告，所以很多企业都是一年拿产品去第三方检验机构检验一次，然后出具一份检验报告，主要用于连锁上货。

世界绞谷为了严把质量关、严把检验、检疫关，采取的是第三方批检的形式，每一批次产品出来都会随机抽取样品拿去第三方进行检验。所以，只要连锁索取检验报告，世界绞谷都是给最新批次的检验报告，很多连锁还很惊讶："你们是不是以前没有，刚刚拿去做的检验报告？"世界绞谷的人回答得也很有趣："我们不是没有，我们是太多了，挑一个最新的给你们。"

就这样，从原料的严格筛选，到原料的灭菌杀毒，到严格按照绿茶工艺制成茶，到批检，世界绞谷的品质控制每一步都一丝不苟，产品品质经得起任何机构、任何人的推敲。

自上市以来，因为绞谷茶都是连锁合作伙伴的主推产品，在药房里陈列位置非常好，到处是产品堆头，再加上产品绿颜色的包装盒，在药房终端显得非常抢眼。所以，不论是哪一级的药监局抽检，绞谷茶很容易就被抽到，没办法，谁让你那么出众呢？

记得产品刚上市时，绞谷茶在一家连锁被抽检到了，这家连锁的负责人非常紧张，专门打过电话来询问："你们有没有认识药监局的人，赶紧找找人打听一下情况，你们的产品被抽检了"，分管产品质量业务的谢天淡定地回答："人不认识，也不需要打听，我们对自己的产品有信心，检检更健康。"产品刚上市时，一碰到国家抽检，总能接到这样紧张兮兮的电话，现在再也没有人打电话了。因为自绞谷茶上市以来，据可统计到的数据显示，在不同的区域，不同的市场，先后接受国家级、省级、市级抽检不下 30 次，每一次都是合格的，不仅合格，所有的指标都远远优于标准。

10 000 个拜年电话

每年过春节时，都是世界绞谷所有成员最忙碌的时候。

在世界绞谷，有一条规定：既然我们认为我们的客户重要，认为我们的合作伙伴重要，我们就要发自内心去敬畏，所有的拜年问候，都必须亲自打电话问候，而不能简单地复制微信发送。

于是，从大年三十开始，公司所有成员就开始忙碌，开始向所有的客户及合作伙伴打拜年电话，有些人由于种种原因打不通，过段时间或者过几天再打，总之一定要把春节问候和发自肺腑的感恩送到。

打电话之前要整理好名单，打完电话也要整理出名单来，各系统负责各系统的名单，各岗位负责各岗位的名单，宁可打重了、不能打漏了。

全体系的拜年电话加起来超过 10 000 个！

从产品上市后的第一个春节开始，这样的拜年电话已经打了三个春节，当然还会坚持打下去。

当然，这样做的效果也确实不错。很多客户收到电话后感到非常惊喜，在那一刻，来自世界绞谷发自内心的敬畏和感恩，他们真切地感受到了，在那一刻双方的心离得更近了、感情更深了！

近处无风景，身边无伟人

其实这么做，还有一个深层次的原因，那就是要克服人性中的陷阱。

创始人常说："我们一定要克服人性的弱点，克服一些世俗的陷阱，谁克服了谁就会了不起。"

到底是什么样的人性弱点呢？那就是"近处无风景，身边无伟人"。我们最容易看不到的恰恰是身边的风景，我们最容易伤害的是最亲最近的人，我们最容易忽视的就是身边人。因为每个人都会自觉不自觉地陷入"这山望着那山高"的思维陷阱中，永远认为最好的都在远方，不论是人还是风景。

我们是不是在生活中会发现这样的怪现象，人们宁愿为一个不认识的人的成功感动，而不愿为一个身边人的成功鼓掌，更恶劣的是不仅不鼓掌，还要极尽诋毁抹黑、以嗤之以鼻为能事。这就是人性的弱点或者说恶劣之处，身边人的优秀或者成功会衬托出自己的不优秀和不成功，所以会本能地抗拒。

成功的过程就是一个逆人性的过程。一个成熟和成功的人就是要不断克服自己人性的弱点，要学会懂得欣赏身边的风景，别处风景再美，你欣赏不了；要学会珍惜身边的人，珍惜最亲近的人，因为是他们每时每刻在默默地支持着你、帮助着你；要敬畏已经合作的合作伙伴，正是因为他们的支持和帮助，事业才会越做越好，再大的客户、再大的连锁，没和你合作，和你一毛钱关系也没有。

类似这样的关于人以及人与人关系的认知，就是世界绞谷"人的价值论"里重要的组成部分，因为它会不断地启蒙和启迪所有人，让大家真正拥有生活的智慧。

附：10 000 多个拜年电话之后
2017 年 1 月 30 日

《华誓系》、绞谷三躬、拜年电话已经成为我们的常态化动作。

我们在今天还不能更客观地衡量出这些常态化动作的价值，因为这些形式与内容还没有转化为相对应的宗教精神，在集体坚持十年之后我们才能认定这三大动作背后的价值。

《华誓系》已经高度量化，并已经成为大家可以见证的载体。绞谷三躬目前还没有在更高层面执行，还没有在更宏大的空间去得到执行，还没有合作伙伴之间成为制式动作。拜年电话这个事情我们已经执行三年了，今年是第四个年头。今天春节，我们全体系一共能够拨打 10 000 多个拜年电话，我们没有采取任何形式上的短信或者微信拜年，并且我们这种拜年电话也不仅仅体现在高层，直接覆盖到中基层成员。

我们到底要突破什么

对于体系内的新成员而言，这种在合作伙伴之间的集体电话拜年可能需要一定的心理突破。实际上，这种突破对于我们每个人而言开始都是十分艰难的。在中国的传统文化里，端着是作为人的常态出现的，当然不谦虚也是常态。因此，我们主动性地执行集体电话拜年，这件事情在根本上挑战着我们的谦虚和敬畏精神，挑战着我们内心的很多想法。但是无论如何，我们依然集体把这件事情做了四年，并且整体上做得还不错。我也坚信在全球范围内能这样以集体电话拜年的形式去祝福的企业并不是很多，至少在我过往的三十岁人生中没有听说过。这件事情表面上很简单，但实际上特别艰难，尤其是我们很多人拿出电话的那一刻。

几千年的皇权文化造就了这个民族的不自信，直接结果就是造成了不小的自卑感，而自卑之后紧接着造成的就是端着，就是表面上的不屑与不恭。因此，在这种国民性下，全体系拨打这么多的拜年电话需要我们从心理上做出多么大的突破。客观上讲，在今天我们也很难集体衡量出这到底意味着什么？但是，我能感觉到这种电话拜年随着我们体系成员的扩充，全国上千人每年拨打共计数十万个拜年电话，我们可以试想，这到底意味着什么？这到底会呈现什么样的力量？这到底该如何去评估？

让我们时刻尊重我们遇到的所有人

在我们的工作和生活中，我们会有各种的不如意，我们会有很多的难为情，我们会有很多的难以表达，我们会有很多的自责。但是，如果我们能够从心底里学会时刻尊重我们遇到的所有人，时刻学会去表达这种敬畏之心，试想，这难道不是我们作为人最伟大、最根本、最理性的成长吗？这难道不是我们真正作为人应该做的事情吗？

定下来，做下去。

就这样。

亏多少钱也不做短线挣快钱

从 2013 年 8 月 1 日世界绞谷正式成立到 2014 年 10 月份，在一年多的筹备时间里公司没有任何收入，还要承担近百号人的"人吃马喂"，还不包括筹备批号、购买设备等，花销十分巨大。

这时候，有朋友建议创始人，你要队伍有队伍，要能力有能力，可以先上个短线产品，炒作一把挣点钱，缓解一下公司的资金压力，干这么耗着不是个事。

甚至有些朋友，拿着项目来找创始人合作说："知道你现在压力大，我这个项目在全国其他地方都很挣钱，陕西我就只交给你做，每个月多了不敢说，弄个几十万利润没有任何问题，你要是没有启动资金我给你垫着，赔了算我的，挣了算你的。"

团队里也有人提议，反正现在绞谷茶也没出来，我们做其他项目挣点钱补贴一下公司，等产品出来后，我们就好好地做我们的绞谷茶。

后来据创始人讲，他也不是没动心过，尤其是朋友把项目、把钱都送上门，面对这样的诱惑谁会不动心呢？

经过反复的思想斗争，创始人彻底否决了上所有短线项目的念头。因为他不想因为"上短线赚快钱"扰乱了团队的聚焦点、坏了团队的心性和品性。因为他深知，想把世界绞谷做成一个世界级的品牌，绝不是嘴上说说那么轻松，一定会面临巨大的磨难，与未来可能会碰到的巨大困难相比，当前只是没有收入，这点困难算得了什么。如果做了短线挣了快钱，还会有人安心去吃苦做一个品牌吗？这个潘多拉魔盒一旦打开就很难收回来，后面一旦遇到一点困难，就会很容易想到放弃，很容易再"重操旧业"，做短线挣快钱。

一旦整个团队的心性被"做短线挣快钱"破坏了，做品牌简直是无稽之谈。就这样，创始人克服资金紧张的压力，卖房子、卖地、借高利贷，都没有再提做短线的事，团队其他成员也渐渐明白"天若有情天亦老，人间正道是沧桑"的深刻道理。

与"做短线挣快钱"不同的是，这期间也有很多不错的长线项目找到创始人，也都一一被创始人拒绝。

"既然认定一个事，我们就要干到底，只要我们活着，我们就做世界绞谷！"

大腕儿也是消费者

2015 年，世界绞谷启动"千人公关计划"，陆续开始为国内的众多知名企业家、行业协会、知名媒体等开始免费赠茶行动，阿里巴巴、华为、腾讯、百度、劲酒、红牛等众多知名企业都收到了绞谷茶。当然，行业内的百强连锁也都收到了茶。这么做，目的有三个：

一、这些社会的主流精英，无疑都是绞谷茶的潜在客户，因为常年的高强度工作，他们绝大部分人都是三高人群，睡眠、肠胃也不太好，这些恰恰是绞谷茶的强项，能为大家带来健康，何乐而不为呢？

二、向世界宣示世界绞谷来了！只要接收到绞谷茶，就知道有这么一家企业，有这么一款产品出来了。当然，随货都奉上了相关资料及一封信。诸多企业也给予了极好的反馈，腾讯马化腾、360 周鸿祎、劲酒吴少勋等诸多企业家，还专程安排助理打来电话表示感谢，并留下了联系方式。而且，还有很多企业家回赠了礼物。过了一段时间后，还有很多企业家专程又安排人打来电话，反馈了饮用后的良好效果。

三、测试产品反馈及效果。如前面所述，众多专程打来的电话，也再一次在精英人群中验证了产品出众的产品力及效果。

自此，不论是 400 电话，还是绞谷茶的网上店铺，总会有来自上述知名企业的订单。

"大腕儿也喝上了我们的绞谷茶"，世界绞谷呼叫中心的小姑娘兴奋地说。

2 000 万免费赠茶

自产品上市以来，根据财务中心的统计，算上前期的消费者赠茶、各类活动的赞助赠茶、各连锁给消费者提供的免费试饮茶等，世界绞谷已累计送出去超过价值 2 000 万的茶。

图 4-4　"寻找百岁老人"公益活动发布会现场

世界绞谷的品牌理念里有"价值让渡"的策略，就是说要通过各种不同

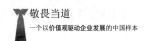
的形式不断地向客户和用户让渡价值，在不断的价值让渡中、在客户和用户不断感受到价值的过程中，世界绞谷才会真正有价值。

价值是别人给出的，不是自己意淫出来的。

世界绞谷还有一个理念，就是要把品牌打造成一个有温度的品牌，你要让别人感觉到温度，你不付出、你不分享，温度何来？你总是想索取、总是想获得，别人感觉到的只有冰冷和恶心。

一个客户到公司拜访，不论业务洽谈得怎么样，临走时带上几盒绞谷茶走，是不是感觉到很温暖、很有温度？

一个消费者进药房，大热天的，不论你买不买东西，先喝杯绞谷茶解解渴，消费者是不是感受到备受尊重、感受到很温暖？

我们去拜访一个客户，提着几盒绞谷茶去，而不是空手去，别人是不是感觉到很贴心、很有温度？

世界绞谷的营销管理中心，总有很多各类广告公司的人来拉广告，凡是第一次来公司的，临走时公司都会送上几盒茶让他们带回去给父母喝。很多人备受感动，因为在很多公司陌生拜访遭遇到的可能是白眼和冷遇，在世界绞谷，还有礼物拿，这就是一个品牌的温度、一群人的温度。这事在西安的广告圈子里传开了，一传十、十传百，排着队来洽谈业务。

当然了，付出总会有回报，别人谈不下的广告位置世界绞谷可以拿下，别人谈不下来的价格，世界绞谷可以拿到。

很多行业协会收到几十件绞谷茶后，不是分给协会的工作人员，就是当礼品送给来访的人，不仅仅在协会内部让大家认识了世界绞谷，还以协会为载体，给世界绞谷做了很好的宣传。

当你给予别人温暖时，回报你的也将会是鲜花和阳光。

总之，做一个有温度的人，做一个有温度的品牌，是世界绞谷矢志不渝追求的目标。

来了一群上市公司

本着"先难后易"的原则，世界绞谷自上市以后就把医药零售行业内的百强连锁作为首要合作目标，与国大、大参林、老百姓、一心堂、众友健康、桐君阁等都建立了不同程度的紧密合作，为全国市场的拓展，奠定了良好的品牌势能。

众友健康，从 2014 年开始突然发力，快速整合收购了包括陕西、甘肃、青海、宁夏、新疆等诸多连锁，成为了西北医药零售连锁领域的领头羊，而后又发力浙江、安徽等地，迅速成为了年销售 40 亿，位居全国前十强的医药零售航母。

世界绞谷与众友健康的合作，先从陕西的战略合作开始，进而升级到西北区域的战略合作，直至最后成为众友健康全体系的超级战略合作伙伴，预计 2018 年将至少完成保底 5 000 万的销售，成为众友健康非药品类的单品销售冠军和全品类的单品销售前十名。

2017 年 9 月 7 日，在西安召开的"众友健康战略合作对接会"上，在创始人用 40 分钟介绍完世界绞谷的发展历史及运营思路后，众友健康的冯德祥董事长给予了世界绞谷高度评价，尤其是对世界绞谷的企业文化及核心价值观建设给予盛赞，并当众宣布："众友健康找战略合作伙伴，就要找像世界绞谷这样的！"对于一家掌管年销 40 亿的零售企业、入行二十多年的企业家而言，这样的评价可不是随口说的。

会后，冯德祥董事长专程找到创始人，表示双方要在企业文化建设方面进行深入交流和探讨。冯德祥董事长在会议上还专门提到了创始人写的一篇《盐碱地里的众友健康》的文章，认为创始人对众友的战略、对众友核心竞争力形成的认识一针见血、非常有见地。这可能就是所谓的"英雄所见略同"、惺惺相惜。

众友健康将在 2019 年上市，大参林已于 2017 年 7 月 17 日正式在上交所A股上市。国大药房资产在2016年注入国药一致，实现了曲线上市。一心堂、益丰、老百姓则已经是上市公司。

除了益丰，世界绞谷与国内上市的医药零售企业都建立了不同程度的合作，攻下了最难攻的山头，"先难后易"的策略也取得了初步的成功。

附：盐碱地里的众友健康

2017年1月19日

众友所生存的环境正是中国企业环境的盐碱地，这个概念不是我提出的，而是在很多年前已经在中国经济界和企业界形成的共识。这突出地反映了内地的市场经济环境和沿海地区还是有着巨大的差异，也正是这种特殊的经济环境造就了一些独特的企业。

大学期间，我读到了第一本企业传记——孙广信的《西部神话》，以至于到2003年参加工作，借到新疆出差之际，我还跑到了广汇大厦，想从表象上探究一下这个神话。同样，到了后来我们发现，西部又出了一个几乎中国人都皆知的企业——新疆德隆。几乎关于德隆传记的所有书我都读过，尤其是《德隆内幕》这本书，我更是读了好几遍。

今天，写这个《华誓系》的意思在于，在中国市场经济环境盐碱地的企业，一旦生存下来，将具有无可比拟的杀伤力，具有不可想象的生命力。作为在陕西省内和众友健康深度合作的战略合作伙伴，我不是盲目为众友唱赞歌。我们必须承认，众友健康作为西北企业杀出陕西省，挺进华东市场确实体现出了很多生猛，尤其是过去两年的整合速度。

我到兰州参加了众友健康的年会有了一些思考，最为关键的思考就是根据地思维，任何大盘的形成都必须有扎实的根据地作支撑。对于我们世界绞谷来讲，我们要明白一个核心市场、两大主力市场、三个重点市场的基本布局，要十分深刻地思考我们的根据地市场系统。众友走进陕西省，对于陕西本土连锁企业而言，某种程度上是一种遗憾。我们必须承认，中国医药连锁市场的江湖格局大致已定，东西南北中各个模块都已基本成型。

我们世界绞谷的综合运营进入第三年，今年市场的挑战对于我们更立体，但同时我们将彻底形成我们的全产业链基础，从土地规模流转、系统性的独立知识产权、源点市场的饱和性打击、基础团队的最后沉淀等若干方面都将形成深度整合。60 000 例的消费者实体调研告诉我们，全球绞股蓝产业中最难做的市场就是陕西省市场，遍地的绞股蓝，消费者越懂越不买。但是，我们还是按照我们既定的战略部署突围了，在今天我们仔细回头看全国 400 余万例虎头奔的价值，已经有数百万的家庭体验了绞谷茶，已经有了或者认真阅读了我们的全套品牌资料，这些最基础的工作正是我们今天市场的底。

对于世界绞谷而言，陕西省市场就是我们全球市场的盐碱地，我们就是要在这个盐碱地里练队伍，我们就是要在这个盐碱地里更加深刻地认知我们的全产业链。所幸，在 2015 年市场启动后我们没有逃避，尽管我们面临新老媒体青黄不接，但是我们还是坚实地做着一系列的基础工作，也充分体现了问题就是答案、实践就是成就的基本操作理念。

2018 年，大规模地杀出去。

就这样定了。

上市第二年销售上规模

从 2016 年开始，世界绞谷决定开始战略转型，先是在陕西及重庆市场进行试点，发现效果好之后，迅速在全国市场开始铺开，销售迅速呈爆炸式增长。

所谓的战略转型，就是充分重视客户价值，与客户建立深度的战略合作伙伴关系，由"场外"进入"场内"，把世界绞谷的战略及运营与客户的战略及运营进行紧密地对接，由被动地出力不讨好的"终端模型"升级为水乳交融、利益一致、上下同欲的"中枢模型"，也就是后来世界绞谷总结的"以

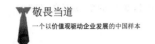
主流成主流"的模型。

转型后的战略模型，核心有以下三个特征：

一、寻找真正战略认同、文化趋同的合作伙伴建立战略合作，有所为有所不为。"物以类聚，人以群分"，就像一个人一样，你并不能和所有人成为好朋友。合作也是如此，你不要期待和所有连锁都能取得战略认同，只要找到一部分取得战略和文化认同的合作伙伴并真正服务好这部分客户，就能取得很大的成功。

相比过去"眉毛胡子一把抓"，战略转型后只需要重点服务好达成战略合作的客户，所有的资源都实现了聚焦，真正在合作伙伴的选择和服务上也遵循了二八法则。最终在市场上呈现出的结果就是"有限控销"，价格体系更好地得到了保护，市场竞争格局和秩序得到维护。

二、以"付出"和"分享"为整套战略模型的核心。把更多的价值和资源与客户进行深度分享，战略合作伙伴获得了更多的价值与资源，会主动将世界绞谷纳入到它的企业战略和运营体系中，呈现出"我为客户、客户为我"的良性互动。

世界绞谷采取以"战略合作联席会"为先导的方法，先在战略和文化上双方取得认同，然后对双方的资源进行梳理和分配，真正实现了"心往一块想、力往一处使"，也就是任正非老爷子倡导的"利出一孔，力出一孔"。

三、分工明确，各司其职，让战略合作效率更高。战略合作实施后，世界绞谷依据自己对品类价值的理解，核心负责解决"想卖"的问题，战略合作伙伴则依据自己丰富的零售经验，解决"会卖"和"想买"的问题，让合作双方工作起来有的放矢、踏雪有痕、抓铁有印！

从2017年下半年开始，世界绞谷又进一步优化自己的营销战略，升级为战略合作2.0版，即全景生态战略2.0版，具体包括全景价值策略、全域渠道策略、全能人才策略、全程方法策略、全心资源策略、全脑传播策略和全员托底策略，分别从客户价值强化分享、全国渠道布局及快速复制、具备系统推动能力的"特种兵"人才培养、事前事中事后全过程控制的方法论、发挥以人为核心资源的资源激发及分配、加大新传播环境下的品牌建立和强化企业文化及六大核心价值观建设、真正建立和拥有一支能托底的团队等七个方面升级优化整体战略。

依据现在的拓展速度，预计 2018 年，世界绞谷将完成全国市场的销售布局，成为一个在全国具有一定影响力的品牌，让茶饮养生品类成为全国主流医药零售连锁的增量、增利、增会员和增黏性的战略品类。

附：致核心事业合作伙伴的一封信
2017 年 6 月 9 日

只要我们活着，就做世界绞谷

尊敬的各位核心事业合作伙伴：

大家好！

我是世界绞谷的核心创始人谢大地，首先非常感谢您在百忙之中阅读这封信，也许这封信就是我们取得战略认同、达成合作的开端，是我们成为终身事业合作伙伴和朋友的序幕。

2006 年，我们第一次实地考察了全球绞股蓝原产地 —— 陕西省安康市平利县，并于 2008 年 6 月份进行了第二次考察，在与县委县政府深度沟通后，我们把绞股蓝全产业链运营定位于我们的终身事业。一直到了 2013 年，整个中高层团队从资本市场退出，全心全力地投入到世界绞谷的综合筹备之中，至今，我们自有资金综合投入已经突破 5 000 万元。

我们始终认为，小池子养不出鲸鱼，因此我们把未来锁定在大健康产业，并以六百年传承的绞股蓝品类作为载体，立志于跟随中国文化在世界的崛起中打造一个全球品牌。纵观世界级品牌的发展史，我们可以看出一个伟大的品牌必须具有国民性和民族性，而在今天，我们已经处于中国人均 GDP 超越 6 000 美金的关键阶段。

欧美国家的发展历史充分证明，人均 6 000 美金之后将成就大量的世界级品牌，三星、可乐、丰田、麦当劳、肯德基等这些世界顶级品牌莫不是建立在国家崛起的基础之上。近几年，我们看到华为、阿里巴巴、腾讯、万达、复星、格力、TCL 等都在进行全球性布局与落地。我们同样希望，以后能用半生的力量并集合大量的核心事业合作伙伴在未来二十年打造出一个世界级品牌，使世界绞谷作为民族元素和中国茶文化的杰出代表走出国门。

在此使命和愿景的感召下，我们确立了以核心价值观驱动世界绞谷发展的战略模型，始终以"父母心、学习力、子弟兵、齐分享、共成长、健康行"的六大核心价值观来规范世界绞谷的发展。世界绞谷自 2015 年 1 月 15 日正式上市起，就建立了以产品力为根基的一系列的高标准。实践充分证明，在过去两年，我们经受住了市场的严格考验，我们最终形成了完整的样板市场系统，建立起了战略合作的系统模型，在部分全国百强连锁中成功导入茶饮养生这一卓越品类，真正成为众多战略合作伙伴"增量、增利、增会员、增黏性"的四增品类。

站在新的起点上，世界绞谷进入到了战略发展的 2.0 阶段，进入到了全国性布局、复制以及综合运营的关键阶段。在此关键时刻，我们期望能携手更多的核心事业合作伙伴，积极谋取战略发展制高点，进行大体量品类的系统导入，以占据市场先机，赢得持续稳健的发展优势，这是我们始终恪守的基本市场准则，也是我们的心愿。

我们坚信，我们的人生需要伟大的牵手，我们都需要以更加卓越的商业价值佐证我们的人生。我们会以全心的服务在市场上做好每一天的工作，我们也非常期望我们能够以战略联席会为开端形成真正的战略认同，并达成团队上中下的合力，不断地在各大区域市场取得超乎想象的突破，不断取得我们精神、事业、友谊以及财富的"集中赢"。

游兵马俑，逛大雁塔，喝绞谷茶。

古都西安是一座美丽的城市，世界绞谷的原产地 —— 平利县是中国最美乡村，世界绞谷所有同仁以诚挚的绞谷三躬真心邀请大家到西安做客。

谢谢您！

第 5 章

企业家精神的核心

创始人就是创造命运的人，企业家就是创造价值的人。

　　企业家精神就是理想、敬畏、责任、意志和水平的混合体。

　　以这样的年龄能有这样的胸怀和格局，创始人必定是一个干大事的人。

留给媳妇的 476 本书和 68 本读书笔记

创始人，世界绞谷的核心创始人，一个注定会不平凡的人。

22 岁，上大学期间创办 380 人规模的公司；

26 岁，走遍中国 80% 的地级市，成为一个年销上亿的祛痘品牌的项目经理；

30 岁，3 000 元起步，挣下几千万家产；

34 岁，把一个亏损百万的品牌做到融资 6 000 万，估值 3.3 个亿；

35 岁，放弃 6 000 万诱惑，创立世界绞谷；

他的目标是，要把世界绞谷打造成为一个世界级的品牌，把公司至少做成一个千亿级体量的综合性控股公司。

1999 年，创始人带着一百个不情愿来到一所专科学校报到，这与他的理想简直出入太大，他从小的理想是要考中国人民大学，毕业后要从政，成为一名出色的政治家，没想到现实迎面泼了一头冷水。

进入大学后，他深居简出，一直苦苦思索未来的路应该怎么走，未来从政的希望越来越渺茫，未来该走什么路，才能让家庭摆脱贫穷。后来，经过仔细甄选决定从商，要成为一名企业家，不仅仅要改变自己家庭的命运，还能通过创办企业帮助更多的人。

创始人做事有个特点就是谋定而后动，一旦认准一件事后就快速行动。创始人决定将来成为一名企业家后，他迅速行动，开始大量阅读企业家传记、经营管理类书籍以及订阅相关的报纸杂志。作为一名穷学生，他从有限的生活费里挤出钱来，订阅了《中国企业家》《中国经营报》《21 世纪经济报道》等杂志和报纸。

最让他媳妇，也就是当时的女朋友觉得不可思议的是，为了买2 000多元一套的《企业经营管理指导手册》，他整整一年都没怎么正经去食堂吃过饭，都是吃些馒头、饼和挂面。

为了能不受干扰地安静读书，他在学校附近花几十元租了一个农民房，每天夜以继日、如饥似渴地地阅读经管类的相关书籍。他有个良好的读书习惯，所有读过的书都要在书上做出批注，而且还会做大量的读书笔记。

2002年，因为他比女朋友先毕业一年，在毕业走时，他送给了女朋友476本书和整整68本读书笔记，最后给女朋友留了一句话："好好把我读过的书读一遍，然后等着我来接你去上海！"

创始人常说："对穷人而言，读书是改变命运的唯一筹码。"也就是从大学期间，他就认定，在未来创办企业时，一定要把读书学习作为重中之重，作为核心价值观去推崇和实践。

上大学期间创办两家公司

在上大学的第二年，为了尽早改变贫穷，为了尽早实现理想，他创办了第一家网络公司，没有启动资金，就采取学生花钱入股的形式100元一股，先后有380多名学生入了股。和大多数学生创业一样，这一次很不幸，由于时间掌握不当，代理的产品等货全发回来后，已经过季了。第一家公司就这么以失败告终。

虽然同学们投入的钱都是以入股的形式投到公司的，但创始人还是承诺大家："大家的钱都是父母的血汗钱，是大家省吃俭用省下来的，所有人投到公司的钱都算我借大家的，请给我点时间，我一定一分不少地把钱还给大家。"

就这样，第一次开公司创业，不但没有赚到钱，还背了十多万的债务。创始人是一个拥有高度自省能力的人，也是一个不轻易饶恕自己的人，他一个人不吃不喝，把自己关在租来的小黑屋里足足关了三天，仔仔细细地在脑子里一遍又一遍地把开公司的经历进行回放，深刻地复盘了失败的原因。

后来在一次会议上，创始人分享了那几天自虐式复盘的感受，他空前感觉到了自己的渺小和世事的艰难，更感觉到了想做一个企业，想成为一个企业家，绝没有想象得那么简单，一定会经历九死一生。

他想到了企业经营中的风险控制，他想到了现金流对一个企业的重要性，想到了团队对企业的重要性，他想到了要真正做一个属于自己的、有完全自主知识产权的品牌，而不是做总是受制于人的代理。

总结归总结，复盘归复盘，留下的债务还要还。在 2000 年初，十多万元的债务，对一个学生而言，对一个贫穷的家庭而言，简直就是天文数字。这不是出去做个家教、发个传单这样打工就可以偿还的，唯一的路径就是再办公司，挣钱还债。

"2001 年，为了尽快还债，记得他焦急的像今天一样，嘴都冒水疱。整天穿着露着大拇指头的皮鞋，骑着一辆破自行车，行走在大街小巷，寻找着种种商机。后来，他终于找到了不需要启动资金的聚财模式，成立了房地产中介公司，代理销售楼盘。他凭借卓越的口才，超强的沟通能力，务实的工作作风，带领着大家售完了几栋楼，不仅偿还完了债务，还帮大家交齐了学费。" 这是创始人妻子在《一路走来》这篇文章中对当时情景的回忆。

事后来看，那几天不吃不喝自虐式的总结复盘，对创始人而言就是一笔弥足珍贵的人生财富。

一句承诺：全家 20 余口人落户西安

1999 年上大学离开家乡时，创始人拉着妈妈的手，郑重地对妈妈说，"妈，您等着我，我大学毕业工作后，我一定把您接到城里住，我们再也不在这个穷山沟里住了！"

为了这句承诺，他一路奔跑，从大学毕业后独自闯荡上海滩，到当项目经理时，走遍全国的各大小城市，这期间他还结合自己对全国市场的实践和认识，写出了《中国市场与中国女人》这样天才般的文章。

2006 年，创始人带领全家来到西安，决定在西安开创自己的事业。决定在西安创业，也是他深思熟虑后的决策。一方面是因为他爷爷、伯伯和叔叔都在陕西，当年爷爷从河南逃荒到陕西渭南后定居了下来，爸爸也跟着过来了，过来一看负担实在是太重，又自己回了洛阳老家；第二方面，也是最重要的方面，他发现，内地城市和沿海城市，在思维上差了十年以上，运用在沿海城市学到的市场操作手法、企业管理方法回内地创业就会容易很多，因为这是一种降维打击。对一个没有任何资本，全部启动资本只有 3 000 元和一台笔记本的创业者而言，在西安这种城市也许还能成功，在发达城市连个房子也租不起。

王婕在《一路走来》有对这一段经历的完整回忆，创始人有个英文名叫盖茨，熟悉的人都喊他"老盖"，所以，文章中的"老盖"就是创始人。

2006 年，老盖决定带领全家进行创业，创业资本就是 3 000 元现金和一台笔记本电脑。这一年，我们的大儿子也降生了，临产时连手术费都没有。全家十几口在一口锅里吃饭，在一个 600 元月租的房子里居住，吃了一个冬天的白菜，年夜饭没有一块肉，甚至大年三十一家人兜里只剩 87 块钱。这让我们明白，创业没那么容易，有口饭吃也没那么容易。

2007 年，在老盖的带领下，通过我们五个人的辛苦打拼，年终账上结余了 5 万多块，我们就这样在西安活下来了。这一年，老盖决定公司化运作，注册了公司，我们都成为了公司的法人股东，他说亲兄弟明算账。这一年，我们开始系统思考创业的方向和路径，开始构建团队建设。这一年，我们成功拿下水宜生的代理权，并且没有交押金，这让我们知道做生意，人品比钱更重要。

2008 年，这一年我们开始系统运营水宜生项目，在市场建设上精耕细作。从省、市、县建立专卖店开始，逐步在主流媒体投放报纸和电视广告。最艰难的是 5 月 12 日汶川地震前后，人心慌慌，而我们依然按部就班，在帐篷里跟人谈合作。这一年，很多竞品闻风而动，纷纷围攻堵截。但是我们避其锋芒，选择农村包围城市的路线，成功地从陕西省突围，逐步获得了全省市场的主动权。

2009 年，这是鼎盛之年，老盖跑遍了所有县城，水宜生专卖店全省开了150 余家，有了一千多人的队伍，账上有了上亿的流水，我们做到了全国销售排名第二。在水宜生三年的团队建设中，我们连喝带送，一共买了 2 400 多箱茅台酒。这一年，我们也回报了所有曾经帮助过我们的人。这一年，我们的小儿子也出生了。

早在 2006 年创业之初，老盖就把父母从河南农村接到西安，虽然当时条件很艰苦，但总算兑现了对妈妈的承诺。按创始人的话说："就算条件再艰苦，父母也可以热乎乎地洗个热水澡，可以时不时吃上点水果，做饭可以吃上多种蔬菜。父母能看见孩子们，心理也踏实。"

2008 年挣到钱后，创始人把一大家子 20 多口人都迁到了西安，包括父母、兄弟姐妹、侄子侄女、外甥外甥女等，彻底兑现了全家离开贫穷山沟的诺言。

放弃 6 千万诱惑

2010年，创始人关掉了全省150家水宜生专卖店，做一个代理绝不是他的志向。在开始做水宜生代理时，他就和身边人说："水宜生是我们的第一个省级代理品牌，也是最后一个代理品牌，以后我们一定要做自己的品牌。"加上身体也不好，本打算休息一年，但以前的同事找了过来，说做了一个高端老花镜品牌，希望创始人入股一起做。为了兄弟情谊，创始人经过再三考虑答应了，带着钱、带着十几号人去了北京。

经过三年的苦心经营，美丽岛眼镜在全国 20 多个省份开了近 50 家连锁店，年营业额近亿元，2013 年，美丽岛估值 3.3 亿，融资 6 000 万，总算对兄弟、对团队、对股东有了个交代，他毅然放弃 6 000 万诱惑，退出了美丽岛管理层，交由其他股东经营。对他而言，他需要转战更大的产业空间，需要开创更大的事业平台。

创始人一直都是一个非常舍得的人。对很多人而言，肯定舍不得放弃一个刚刚融资 6 000 万，正蒸蒸日上的公司，也舍不得放弃总裁的职位。但对创始人而言，他从来不看重钱，他常说："老毛一辈子一没摸过枪，二没管过钱，照样领导共产党打下一片江山"。

在做水宜生挣到钱后，他先后拿出几百万来回馈那些曾经帮助过他的人，曾经对他有恩的人，对曾经的老领导和同事、朋友都尽最大可能地给予回馈。

出身析易，系出名门

世界绞谷几位创始人均出身析易国际，在析易国际不同公司、不同岗位和不同职位上得到了全方位的历练。

世界绞谷核心创始人，曾任析易国际"平美"项目经理、广东销售公司总经理等职，在析易国际期间，走访了中国 200 多个城市，对中国复杂的市场环境及市场结构进行了深刻洞察和经验积累。

析易国际成立于 2001 年，是国内著名的集商业模式设计、品牌传播、营销策划、品牌运营、投资于一体的综合性营销机构，影响和改变了中国十二大行业，是中国营销行业里程碑式的公司。

旗下控股和参股了多家涵盖咨询、投资、眼镜连锁、智能机器人、厨具、医药等行业的公司。其中，高端眼镜连锁"美丽岛"获得天图资本 6 000 万投资，成为国内高端定制眼镜领导品牌。"乐无烟"无油烟锅开创中国无油烟锅新品类，品牌成功注入香港上市公司。"紫光优蓝"智能机器人成功获得 5 300 万元产业投资，成为国内早教智能机器人的领航者。咨询公司也策划了如"好记星"、"背背佳"、"商务通"、"驱虫消食片"等诸多品牌。

析易国际领军人物何丰源，曾任国内第一家医药上市企业哈慈集团营销副总裁，是国内知名的后现代主义诗人、营销专家、商业模式专家、天使投资人和艺术赞助人。

析易国际在世界绞谷筹备及上市后，提供了从品牌顶层设计、发展战略、营销策划等全方位辅导服务，是世界绞谷成长路上的终身战略合作伙伴。

凌晨 5 点的天空

熟悉世界绞谷的朋友都知道，世界绞谷有个微信公众号，名字最早叫《谷哥早点》，后来更名为《华誓系》，每天一篇 1 000 字左右的原创文章，所有文章都是创始人自己每天凌晨五点起床撰写的。

事情的原由是这样的，创业初期，在阅读李嘉诚相关文章时得知，李嘉诚是每天 5:59 起床，然后开始锻炼身体和开始一天的工作，当时大家都是十分震惊的。作为华人首富，全球知名的企业家，这种勤勉、这种自律、这种规律值得所有人反思。

创始人当即决定，其他的暂时做不到，我们最起码要做到比李嘉诚更勤奋，否则你怎么追赶，比你成功还比你勤奋，那么你永无出头之日。另外，作为一个企业的核心创始人，要敢于不断挑战自己，敢于不断给自己捅刀子。

创始人就决定每天 5:58 起床，比李嘉诚早一分钟，后来又感觉不过瘾，就直接变成了 4:59 起床，比李嘉诚早一个小时。

从 2014 年 11 月 23 日开始算起，马上就三年了。

这种早起并撰写文章的行为，最考验的是一个人的自律能力和意志力。就拿早起而言，谁都想在被窝里多睡一会，尤其是冬天。如果碰到头天晚上加班或者应酬到凌晨两三点的时候，只能躺下睡两三个小时，还要准时在 4:59 起床，没有强大的意志力是根本做不到的。

这件事考验的第二件事就是水平，一个人偶尔写篇文章，感觉自己灵感很多，想说的很多，下笔如有神，但你天天写时可能就会有种身体被掏空的感觉。在践行学习力上，其实很多人已经感受到了这种痛苦，一开始不论是总结还是读后感，文采飞扬、洋洋洒洒，收都收不住，写了半年以后，很多

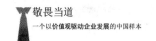
人就跟不上了，感觉该写的都写完了，感觉理屈词穷。

创始人在坚持早起和创作文章时，也面临着这样的苦恼和困扰，所幸他凭借着自己强大的意志力和学习力，坚持了下来。

一个人的意志力，还会体现在酒量上。认识创始人的人都会说，他酒量真大，每次喝酒，不论喝多少，都看不到他醉，就是喝得再多，即使醉了，他也总是最后一个倒下，反倒是与他喝过酒的人，从来没见过他倒下的。喝得再多，他都会把其他人安排送走，并确认安全到家，然后自己再倒下。

在一次会议上，创始人分享到，其实，酒量是一部分，喝到最后，比拼的是意志力，谁的意志力强，谁就能撑到最后。

附：被掏空的感觉
2016 年 11 月 7 日

我们每个阶段的成长都会有很多错觉，至今我认为最致命的错觉就是认为自己很努力了，怎么就还没有结果呢？这应该是最大的错觉。这是我每天撰写《华誓系》以来到今天很突出的想法，不断通过每天的早点来进行小结，会逐步发现自己一点一滴地把自己掏空，把自己掏得非常难受，掏到很多时候要追问自己："为什么要这样活着？"

所有的障碍都是无知的障碍

这个结论我早就认知到了，但是掏到今天我还是能很深切地认知到无知的可怕。当我们不掏自己的时候，我们总是会认为自己明白很多，我也会认为周围对我们不理解的人有太多。当我们逐步掏自己的时候，我们会发现问题在于我们认知世界的能力太差，我们改造自我的能力太差。这一切都在于我们没有系统地自我认知和系统地开发自我的能力。

一直以来，我不能想象那些大佬读书读到什么程度，到自己开悟，到底是什么感觉，或者说到底意味着什么？但是，我想至少在学习的过程中，他们一定不断追求自己活着的意义，或许这个问题根本就想不明白，但一定随着深度学习能让自己认知到自己真正的渺小和作为生命的不易。也许只有如此，才能加速他们开发自我的速度。

行动，自我认知，开发自我，再认知，再行动，再开发

这似乎就是我们不断进步的逻辑，也许这就是我们螺旋式上升的逻辑。问题在于，我们一次的行动到底是修修补补，还是做层级提升？我们面临很多日常性的工作，我们又面临本质性的提升，到底哪些工作能系统地提升自我认知的能力和自我修正的能力？我想无非就是让自己感到痛苦的事情就是我们应该真正要进步的地方。

问题说到这里就简单了，你真正为自己痛苦过吗？

这就是应该用行动提升的地方。

附：凌晨五点的天空
2017 年 9 月 13 日

都市里的繁华似乎掩盖了一切自然的美好，从 25 楼俯视下去，只能看见一些稀疏的灯光。只有在此时，我们依然可以听到一些童年的声音和小动物的嘶鸣。

坚持凌晨五点钟早起已经四年了

在即将过去的四年里，很多时候我试图在想，我们到底应该如何去理解

时间？那些全世界的精英在此时此刻都在做些什么？他们的凌晨四点到底是什么概念？假如有人问我一生最大的习惯是什么？我会毫不犹豫地讲，一是早起，二是写作，因为这两种习惯可以在任何人生境遇下持续下来，可以在任何心境下都坚持下来。

今天要去青海开会，正如青海的掌门人沈总所讲："我们都已经准备好了，一定全力以赴，就为了谢总的情怀。"说实话，当我听到这句话时，内心首先产生的就是共鸣，感谢有这么能够理解人的核心事业合作伙伴，感谢这些我们人生毅然能够持续的情怀。

对于世界绞谷而言，每一次的市场规模启动对我们都是一种极大的学习机遇，因为我们在市场上可以见识各路枭雄的独门绝技，我们可以更加深刻地理解更多不同性格的市场系统运营方法，因为毕竟中国市场太大了，毕竟能够承载传奇的都在市场上。

对于我个人而言，所有这些在市场上以零售起家的人，一年把销售做到几千万、几个亿、甚至几十亿的人，在我内心都是神灵一般的存在。因为这些各路枭雄一盒一盒地把产品卖出去，一年复一年，这些英雄该对商品、对市场、对团队有着什么样的理解？这些都是我每天思考的问题，都是我们应该学习的问题，都是我们必须真正汲取运营的精华。

在世界绞谷的战略规划中，我们的核心和基础就是要解决想卖的问题，解决中高层的综合信任度的问题，做好"一把手"工程的系统工作。在此前提下，解决会卖的问题和消费者想买的问题，对于我们这些核心事业合作伙伴就太简单了，因为这些老总对零售有着深刻的理解，对各区域市场都有着神一般的理解，对团队管理有着自己独到的见解和做法。

凌晨五点，万籁俱寂

此时此刻能思考很多问题，能更加清醒地思考很多问题，能系统地思考很多问题。因为在这个特殊的时间，这个时间全部属于我，不受任何干扰。这是我可以独处的时间，这是我可以知道自己位置和存在感的时间，因为在喧嚣里很多时候难以把握自己。

祝福所有凌晨的战友，祝福全世界所有的战友。

高利贷的天空

世界绞谷，由于是全产业链运营，资金需求量非常巨大，土地流转、基地建设、市场投入等，每一项都投入巨大。

这种全产业链的资金需求力度，已经远远超出了预想和计划，在不断地追加投资过程中，创始人陆续卖掉了过去买的十几套房。有一套房子，老太太提前就给创始人交代好了，这是我的养老房，其他房子都可以卖掉，这套房子我要留着养老。结果，在公司资金周转出现问题时，还是把这套房子卖了。在房管局，面对母亲签字的背影，创始人眼泪不听使唤地夺眶而出，他坚定地告诉自己，一定要买一套更大的房子给父母养老。

除了房产还不够，创始人只能出去借钱，一开始都是通过熟人借钱，这个一百万，那个三百万地借，到最后资金还是不够，尤其是每年到了储备原料的时候，资金空前紧张，实在没办法，只能向高利贷借钱。

高利贷虽然名声不好，但却是中国当前环境下大量中小企业解决融资难的主流渠道，人家和你非亲非故，却能在你最危难的时候挺身而出，这一点估计很多亲戚朋友都做不到。

就是在这种借高利贷来维持运营的最艰难的时候，创始人每天都非常平静地按部就班地开展工作，他所有的焦虑和发飙，都是因为团队成员的工作不上心和工作出现纰漏，从来没有因为钱生过气、发过飙。

图 5-1　创始人母亲
在卖房协议上签字

借高利贷支持我创业

张良，十多年的老兄弟，2013 年创始人决定做世界绞谷后，他决定进军山西省。公司先后现金加货物借给张良几百万。正如张良所言："老大这种胸怀和格局，全世界也没有几个，他是借着高利贷来支持我创业。

"细节见教养，危难见人品"。即使最危难的时候，创始人对借出去的钱也从来没有追讨过，宁愿自己吃苦受累，也不愿意让别人感受到为难，都说英雄难过美人关，但能过金钱关的英雄也没有几个，多少人因为分赃不均、兄弟反目、妻离子散，多少人因为钱财，走上犯罪的道路，所谓"人为财死，鸟为食亡"。一个人对金钱的态度，尤其是危难时候对钱的态度最能说明一个人的胸怀和格局。

拒绝 8 000 万

2016 年上半年，经朋友介绍，北京一家投资公司的董事长认识了创始人，该董事长与创始人一见如故，甚至提出了让创始人去掌管他刚在上海组建的一个规模为 30 亿的大健康产业基金，被创始人婉言谢绝后。经过对世界绞谷的了解，对方又提出了向世界绞谷投资 8 000 万的意向。

2016 年上半年，正是世界绞谷相对比较艰难的时候，经过 2015 年一年的市场运营，虽然也取得了不菲的成绩，但与当初的目标设定还存在非常大的差距。

当时的市场模型主要存在两方面的问题，一是传统媒体的凋零，在主要依靠投放广告来拉动终端销售的模型下，传统媒体包括电视、报纸上的广告投放，雷声大雨点小，投入产出不成比例，过去是桑塔纳进去奔驰车出来，现在是奔驰车进去桑塔纳出来。

二是渠道及终端不给力，因为在当时的模式下，只给药房留 15% 的毛利，药房感觉毛利低，不愿意主动向消费者推荐，不仅仅是不推荐，消费者看广告进店购买绞谷茶时，还总是被终端拦截，被药房的中药饮片绞股蓝拦截。后来战略合作熟悉后，一位连锁的负责人说，自从你们的产品上市开始投放广告后，我们药房里的中药饮片绞股蓝销售增长了 5 倍还多。不仅仅药房是这样，据茶叶批发市场的人介绍，自从绞谷上市以后，茶叶批发市场的绞股蓝茶（注：没有保健食品批文，是非法产品）曾经几度出现断货，绞股蓝茶批发成为了茶叶市场最紧俏的生意，因为茶叶市场的商户没有保健食品经营许可证，绞股蓝茶是不能给他们经销的。这也是"劣币驱逐良币"在现实生活中活生生的案例。

正是在这种情况下，8 000 万只要创始人一点头，几天时间就会进入公司账户。创始人经过反复衡量，最终放弃了本轮融资。主要有三点原因，一是占股比例太大，二是有对赌条款，三是基地建设有其自然规律，不能一蹴而就。所以，面对 8 000 万的诱惑，创始人选择了放弃。事后，创始人专门撰写了《我们为什么放弃 A 轮融资》一文，专门就为什么放弃本轮融资做了解释。

后来，创始人和团队讲，这些放弃的原因还都是浅层次原因，真正深层次原因是担心团队承受不住这 8 000 万。

钱多不一定是好事。创始人对此永远保持着清醒的头脑，一个处于饥饿状态的人，突然给他上一桌好菜，结局可能是被撑死。

对一个企业也是同样的道理，突然来了一大笔钱，瞬间可能就把人性中"恶"的东西激发出来，毕竟不是自己一个子儿一个子儿挣的，钱花起来没有感觉，用不了多久就花完了。更重要的是，团队成员错过了打基础、练基本功的关键时期，也许借助资本的力量迅速做大了，但团队成员基础素质跟不上，将来会摔更大的跟头。

爬上井沿看了一下又掉下去，比一直"坐井观天"，更让人痛苦。

附：我们为什么放弃 A 轮融资

2016 年 6 月 30 日

我们为什么放弃 A 轮融资？

我们为什么在这样的资本低谷环境下放弃 A 轮融资？

客观上讲，这 8 000 万人民币对我们诱惑很大，尤其是在今天的资本市场环境下，我们世界绞谷大盘能够估值 2 个亿，我们从内心还是比较欣慰的。毕竟目前资本市场处于低谷，所有资本都在谨慎投资，都在收紧投资窗口。

这段时间，我们一直在就融资的事情进行深度沟通，截至昨天下午，我们最终决定放弃本轮融资，主要原因有两个：一是 8 000 万吃进我们大盘 40% 的股权，我们觉得不是很合算；二是我们不接受协议中的对赌条款。当然还有一个重要原因就是我们目前确实不需要这么多钱，我们希望降低估值、释放 20% 的股权，首轮融资大约 2 000 万人民币，但是对方强烈要求投资 8 000 万吃进 40% 的股权。总体上讲，40% 股权被吃进以后，我们认为以后的大盘控股权风险太大，极有可能最终会失去世界绞谷。

我们为什么不需要这么多钱

8 000 万的投资大部分都需要放在市场推广上，但是我们的基地建设规模需要过程。在目前基地还没有形成规模性建设的前提下，如果我们超越生产能力去推广，一定会造成我们基地的混乱，产品品质不能保证，这是我们最不愿意看到的结局。按照我们的既定发展规划，我们希望到 2020 年能够形成万亩以上的基地建设，以满足全国市场的成长需要，以满足消费者对绞谷高品质的需要。

我们一贯认为，凡是钱能解决的问题都不是问题

在目前的市场环境下，如何形成我们扎实的核心运营团队和专业的市场素质才是我们最需要重视和解决的问题。从根本上讲，挣钱是一种能力，花钱是一种素质，我们必须逐步形成可以花大钱的能力，逐步形成能够花大钱的沉静心态。

三年一小步，五年一中步，十年一大步

2013 年 8 月 1 日华誓控股成立，很快我们就成立三周年了。我们通过本次融资在资本市场得到一次量化的机会，也充分证明了我们世界绞谷战略性定位及全产业链运营的长线价值。我们需要在这个时间点上整理我们的队形，进行全方位地复盘和更好地前行。

这辈子一定要给自己一个交代

由于长期高负荷高强度的工作以及大量的应酬，创始人被查出患有高血压，而且是非常严重的那种，低压动不动就 120，高压动不动就 180，低压比别人高压还高。最严重的一次发生在做美丽岛眼镜时，当时，低压 157，高压 213，在北京民航总院重症监护室被抢救了过来。

老太太就多次劝阻创始人："钱挣多少算够啊，我们现在不愁吃不愁穿，你不要那么拼了！"民航总院抢救那次，家里人轮流劝他，不要那么拼了，回西安安安稳稳地过日子吧。所有这些话，创始人都没放到心里去，因为他不甘心，自己这一生，如果仅仅停留在挣点钱买几套房老婆孩子热炕头的水平上，根本无法向自己交代。

这几年下来，创始人前后不下五次被送进重症监护室，还有几次突然手

脚失去知觉动弹不得，常年被头痛折磨着，办公室常年备着头痛粉，每天都随身带着速效救心丸。可以说，身体的负荷已经到了极限。换作其他人，发生这么多的事，早就吓也吓死了，哪还有心思再精神抖擞地干事业？

即使这样，不论在何时，他的状态永远都是精神抖擞的，永远给人的感觉是不知疲倦。张良有一个问题憋了很久，终于在一次会议上说了出来："领导，怎么我从来没看见你打过呵欠？"经他这么提醒，公司所有人都想了想，确实没人见过创始人打呵欠。

很多领导和朋友都问过创始人，你每天都这么早出晚归、几乎全年无休，你自己不感觉累吗？创始人每次的回答都是出奇地一致："我从来没感觉到累过，从来没感觉到辛苦，每天只要走进办公室，就是我最开心的时候。"

成功的企业家是相似的，不成功的企业各有各的不幸。任正非、柳传志、马云等著名企业家，都有过类似的工作经历。确实也是，一个只有在工作中能找到快乐的人，才有可能把工作做好，一提工作就头疼的人，连个合格的普通职员也做不好。

创始人常讲，一个民营企业家的宿命就是吃一辈子的苦。在这个阶层日益固化的时代，没有任何背景的草根创业，除了吃比别人更多的苦、受比别人更多的委屈、付出比别人更多的努力，实在想不出来你还有什么路径能脱颖而出，实现逆袭。

"一个家族想立起来，总要有一代人要有血性，要豁出去，敢于牺牲。"爷爷辈不行，儿子辈立，儿子辈不行，只能孙子辈上，如果孙子辈也不行，对不起，这个家族还要平庸下去。相反，只要有一辈人立起来，整个家族就会立起来，尤其是对后辈人而言，从小接受更好的教育，接受更好的家风熏陶，再差也差不到哪里去。现在中国相当比例的一部分主流精英人群，都是过去名门望族、书香门第、达官贵人的后代，即使他们中途被打倒过，但流淌在血液中的那种精气神，依然让他们脱颖而出。

2014 年 12 月 1 日，创始人早上起床蹲马桶时，突然感觉四肢无力，自己已经无法站立起来，他赶紧喊媳妇过来把自己扶起来，随后活动活动，紧接着去送孩子上学，然后开车到公司上班，当车上响起汪峰的《绽放》时，创始人顿时泪流满面。这就是一个创业者的真实写照，复杂到无以言表。

当天，创始人用一篇《落泪的清晨》，记录下了一个普通创业者的落泪瞬间。

附：一个落泪的清晨
2014 年 12 月 1 日

滴过泪的眼睛更明亮，流过血的心更坚强。

在一个清晨泪流满脸，在即将过去的 35 年中，还是首次。

长这么大，泪流满面有三次，前两次都是为了别人，这一次却是为自己。

早上 5 点一觉醒来，坐起来也没有感觉到有什么不同。之后几分钟内，感觉到身体僵硬、四肢发凉，尽管室内的暖气很好，自己盖得也很厚。我瞬间感觉到不对，也没有惊动父母、媳妇和两个孩子。我尝试着到洗手间，心里想是不是晚上睡觉压住哪里，导致血脉不好，可能过一会就好了。坐在马桶上，大便结束后，我才发现自己拿起手纸连擦屁股的力气都没有，瞬间感觉到脑子异常清醒，但手用不上力。我心里想，完了，难道比在北京进重症监护室更严重了？我竭尽全力喊人，媳妇迅速冲进洗手间。我说："媳妇，不对，赶紧先给我擦屁股，扶我起来。"我尝试着站起来，挪步往外走，此时我还在想，可能活动活动就没事了。于是，勉强背起书包送大儿子上学，孩子拉着我的手，父亲一定要和我一起去学校，我没让他去。路上，孩子很懂事，说："爸爸，你用力捏我的手，用最大力气，应该没事的。不行，我不上学了，在家陪你吧。"送完孩子，到家后，母亲已经熬好了粥，我喝了半碗粥，感觉身体还是发凉，尝试着又冲了一个热水澡，感觉还是不行。

我断定不是睡觉压住血脉了，赶紧量血压。结果，血压分别为 127 和 165。

原因找到了，血压高，脉压差小，血液不能很好地回流。

此时，我才知道忙昨天的营销会议，坐了 13 个小时，时间太长了，也已经几天没有吃高血压药了。

为了不让父母感受到巨大的心理压力，我下楼站了一会，和媳妇开车去公司。车启动后，汪峰的歌响起"让我们再爱一次"，慢慢地我泪流满面。

我想起，在那一瞬间，媳妇的惊慌与恐惧，父亲好像苍老了很多，孩子也懂事了很多，小儿子坐在我身边，一言不发地看着我。

我在想，如果我这么年轻，真的四肢无力、瘫痪了，现实又会是怎么样？

之后，我又再次想起了，在过去三年几次进急诊室的事情，一幕一幕地就像在昨天。

其实，很多时候，我想休息调整一段时间，但从来没有想过放弃，但也从来没有想过挣钱的事情，就是对自己这一生的不甘心，总觉得自己不能对自己这么简单地交代了。尤其是在过去三年，更多地考虑团队整体的信任，这种信任更让我一刻不能懈怠，总是让自己感觉到这个团队一定能做出业绩。

到公司后，喝了降压药，开了早会。

一切照旧，一切又开始忙忙碌碌。

一个上午又开始了，阳光依然明媚。

一个落泪的清晨已经过去，一个奋斗者需要付出的代价才刚刚开始。

一切都不能停止，生活还必须奋斗。

但是，欠身体的账还是要还回去，一点一滴，一天一月，坚持锻炼，把身体调理好。

9 个月的抑郁症

在 2013 年至 2014 年批号办理期间，因为批文确实缺少很多资料，虽然后来做了资料补充，但能不能被国家受理和认可，能不能十分顺利地通过转让，一切都是未知数。创始人当时最重要的一个心理压力就是，将近一百人的团队又是读书学习写总结，又是在市场上做了 60 000 例调研，如果批文办不下来，该如何向所有人交代？又该如何回头？哪里又是个头？

在这种极大的精神压力下，从 2014 年 3 月份开始，创始人患上了抑郁症，但他谁都没有告诉，直到保健食品批文办下来，全国第一家专卖店开起来，他才停止吃抗抑郁的药物，才告诉所有人。

和所有企业的领导人一样，创始人有什么苦都只能自己往肚子里咽，受什么罪只能自己承受，他不可能向其他人倾诉，更不可能向团队倾诉，这种情况最容易患抑郁症。据统计，创业者和企业家群体是抑郁症的高发人群，任正非、张朝阳、徐小平等很多企业家，都得过抑郁症。

所幸的是，随着批文的成功办理，创始人走出了抑郁症。2015 年底，创始人专门撰文记录了这段痛苦而又难忘的历史。

附：抑郁前后
2015 年 11 月 30 日

抑郁，我从来没有想到这个词会和我的人生发生关联，但是抑郁确实发生了，它伴随我走了将近九个月，这也是我职场生涯中最痛苦的九个月。

世界绞谷截至 2015 年底累计在基地、工厂、生产、推广上的直接投入将达 2 000 万人民币，在 2018 年底随着我们产业园征地的完成，整体直接投资将超 5 000 万。所有的投资都是在用我们的自由资金在运营，没有进行任何融资。

在即将过去的三十个月里，对于我来讲最难熬的就是在批文办理下来前后的九个月，即从 2014 年 3 月份到 2014 年 12 月份这九个月。

我们开会决定开发绞股蓝产业之前，面临非常多的未知，最关键的就是关于产品批文的未知，尤其是相关的国家政策的不确定性。从 2013 年 8 月 1 日起，一方面我们在迅速地推进各种市场摸底等基础工作，一边在进行基地及批文的相关筹备。随着市场纵深推进，压力越来越大，因为在批文办理过程中不断出现问题，不断出现让我们时刻感到可能批文办不下来的问题。长期的担心与害怕，终于让我在 2014 年 3 月份扛不住了，我自己去了医院，给自己开了抗抑郁的药。就是从这里开始，我开始吃上了降压药、安眠药、抗抑郁药，一直吃到了我们世界绞谷的第一家店面开业进行产品内测的时候。当然也是在这个阶段，身体的代谢环境很糟糕，很多次总是尿到裤子里。极大的压力和担心让我觉得如果批文办理不下来，我们该如何回头？因为我们在新的产业环境与政策下，面临太多的政策不可控因素，终于我们在新政策出台的前一天下午，我们把批文的各种手续完整呈现到了国家食品药品监督管理总局。

在那九个月里，也是我精神最撕裂的九个月，当然也是我抽烟最多的九个月，每天至少保持在三包烟，脑子很乱，压力很大，但是还是要在团队面前保持镇静，不间断地推进工作，尤其在时刻担心批文不能办理下来的恐惧之下，自己的心理承受能力达到了极限。那个时候核心就在思考一个问题，如果批文办理不下来，或者说这个批文在保健食品严管的情况下拖更长的时间，这个团队的近百号人该如何回头？我们又该如何安置？

我们终于在 2014 年 8 月底拿到了国家局的完整批文，我告诉自己我们就剩吃苦了，毕竟我们拿到期待已久的门票了，我们真正地开始了。

从 2013 年 8 月 1 日起，我们经历的三个年头就要过去了。在过去的三十个月里，我就这样熬着，我知道我还将继续这样熬着很多年、很多年。

这是我自己的选择。因此我必须熬着、继续熬着。

有种你就别走

陶宝，退役的一级士官。2015 年应聘进入世界绞谷做司机。与他同时应聘到公司的还有一个他老乡兼战友小东。当时，正值公司在开展轰轰烈烈的"虎头奔"行动，每天晚上都要干到一两点钟，第二天五点多钟又要起床去发放手提袋。

小东进来吃不了这份苦，没干一个月就跑了。当时，小东和陶宝一起租房子住。每天下班后，小东就苦口婆心地开始劝陶宝，说这个公司不行，天天开会，感觉和传销公司似的，又说这个公司待着太辛苦了，哪有上班上到晚上一两点钟的？就这么劝，陶宝都没有为之所动，可见陶宝的主意是相当正，非常有主见。

创始人听说后和陶宝说："世界绞谷需要有种的人，有种你就别走。"陶宝啥也没说使劲地点了点头。

后来，作为司机，公司并没有强迫陶宝读书，但是陶宝主动要求读书，主动加入了"101读书计划"，每个月读3本书写3篇读后感，直接向公司的中高层的读书计划看齐，野心可见一斑。要知道，公司的业务人员一般都选择"151"或者"301"读书计划。

更让人惊喜的是，陶宝文章写得非常棒，当陶宝的第一篇读后感从范贡书院的微信公众平台推送出来后，所有人都惊呆了，思路清晰、文笔流畅、语句优美。所有同事都开玩笑，一定是在部队写思想汇报练出来的。

经过一段时间的全方位考察，创始人决定培养他，郑重地和陶宝说："以后，不许在10点前离开办公室，要留在办公室看书，有种你就别走！"从此，除非特殊情况，陶宝每天下班后都留在办公室读书，不到十点钟绝对不会离开。

现在，陶宝已经慢慢成长了起来，开始独当一面，负责世界绞谷的特产渠道。

在世界绞谷，创始人有一个用人原则"不轻易肯定一个人，也不轻易否定一个人"。凡是他认定要培养的人，他会用尽心思去培养，对被培养者而言则是"炼狱"的开始，因为从那一刻起，他会对你的要求非常严格，对你的工作非常苛刻，你挨骂的次数也是其他人的很多倍。

创始人说："培养一个人其实对领导者而言是一份苦差事，培养一个人

就要对一个人负责任，你要耗尽心力去培养，还时不时因为他生一肚子气。管理不严怕害了他，管理太严又怕他承受不了，还得掌握好分寸。"

创始人对团队的管理向来以严格著称，他说："我宁愿你现在骂我，也不愿意你以后骂我；我宁愿你在公司内部哭，也不愿意你在外面哭。"

千里之外的婚礼

创始人有个特殊的爱好，很喜欢参加团队成员的婚礼。

世界绞谷财务中心杨玲结婚，创始人又专程坐高铁从西安赶到杨玲老家出席了杨玲的婚礼。回来后，创始人开玩笑地说："看到杨玲嫁人，我比他爸爸还舍不得。"

陶宝结婚，创始人带着媳妇、孩子开车专程从西安赶到运城，回来后他说："为什么见证公司的男生结婚我就非常开心，看到公司的女生结婚就感到很失落呢？"

创始人说："对别人的关怀从来都不能用嘴，而一定要付诸行动。在别人人生的少数几个关键场合你都不愿意出现，谁相信你是真心待人？"

创始人常说，人是善于伪装的动物，比变色龙还好色，比变色龙还会变。想要真正认识一个人，一定要记住两句话："人在事上见"和"不看人对我，只看人对人"。

"人在事上见"，人是最高级的动物。同时，也意味着人也是最复杂的动物。想要偏说不要，同意非要反对，不同意也可以伪装成高度赞成，爱至深还可变成恨，表面笑脸背后插刀。总之，人是非常善于伪装的，从这个角度讲人性是不忍直视的。"

幼稚的人，总会被"夸夸其谈"、"我发誓"、"都自己兄弟，有事找我"、"没问题，包在我身上"等"口活"所迷惑，但结果往往适得其反。

事实是，越是爱表态的行动越有障碍，越是爱承诺的越是寡信之人，越是"专家"越是"骗子"。

看人最基本的一条就是，"人在事上见"不要轻信任何的口头表达，在具体事情上见分晓。通过一件一件的事来认识人、判断人。

"不看人对我，只看人对人"　出于某种目的，可能别人会对你特别好。这种情况怎么办？很简单，那就是"不看人对我，只看人对人"。一个朋友值不值得交，最简单一条不要看他对你如何，先看他对别人如何？这其中最重要的是看他对父母如何？如果一个人连自己的父母都不顾，还能从他身上奢谈责任吗？同理，如果一个人和过去的合作伙伴都弄得鸡飞狗跳，你能奢望和他合作就一帆风顺吗？一个人都没有几个真正的朋友，你能奢望他成为你的知心朋友吗？

创始人，就是这么一个人，他明白很多道理，又能身体力行去践行，他洞察人性的复杂，又总是相信美好的一面。

"即使你用枪打了我，我仍然相信那只是走了火。"这就是创始人对信任的理解。

第 6 章

寻找可传承的力量

只有孩子证明你真正活过。

孩子是你真实的模样，你是孩子眼中的社会。

与其望子成龙，不如先让自己成龙；不敢对孩子提要求，就是对自己没要求。

只有价值传承才是真正的传承

名动天下的苏州贝氏传承十五代而不衰，到现在还欣欣向荣，全球知名的建筑大师贝聿铭，现在是这个家族的代表人物。

号称中国最显赫家族的绍兴俞氏，撑起中国近代史半边天，家族出了众多的政治家、科学家和艺术家，代表人物是现任国家政协主席俞正声。

影响几代人的著名作家金庸，他所在的海宁查氏家族，传承二十多代，在清代更以"一门十进士，兄弟五翰林"而闻名于世，代表人物是著名作家金庸（查良镛）和著名诗人穆旦（查良铮）。

类似这样的家族还有很多。

家族传承的秘密，社会学家和历史学家早就给出了答案，家族传承，重要的是来自文化、习惯、意志和品格等非物质层面的传承，而这些传承恰恰是当前学校教育中的软肋和弱项，更多的需要家庭教育、需要家长的言传身教、需要参与更优秀的平台才能办到。

2014 年 1 月 3 日，为践行和落实六大核心价值"父母心"中的"上行下效"，为了切实履行起对孩子的责任，切实从视野、意志和品格等方面对孩子进行培养，世界绞谷成立了"全球首个定位于 18 岁以下少年儿童社会化智慧成长平台 —— 范小蠡书院"。

在同一天，在天域凯莱大饭店举办了范小蠡书院全球首届年会，在会议上，来自世界绞谷体系的所有成员的孩子上台表演了丰富多彩的节目。

范小蠡书院成立伊始，就依托书籍、公众号、自媒体等传播平台，打造自身文化价值，塑造出了特有的"范小蠡"品牌形象。范小蠡书院成立至今，先后出版了多期《范小蠡》专刊，作为范小蠡书院运营载体，在此期间，还有范小蠡书院的院长谢正天，出版了多部个人成长纪实专著 ——《我的成长我的路》。

2017 年 8 月 8 日，范小蠡书院正式在西安国际企业中心落地挂牌，正

式开启了范小蠹书院实体化、平台化和结构化运营的帷幕。

凡是看得到的物质传承都是浅层次的、不可靠的，相反，真正有价值的传承应当是思维、习惯、视野、意志、品格等精神层面的综合素养，只有这些优良品质才能让子孙后代受益无穷。传承百年的大家族，绝非单纯因物质上的财富传承而存留至今，更重要的则是一种源自精神上的传承，唯有这样才能维持家族的长盛不衰。范小蠹书院的愿景"为培养出更多具有'宽广视野、坚强意志、优良品格'的孩子"。

范小蠹书院致力于给孩子们创造值得传承的品质与素养。在范小蠹书院中，所有的书院成员将拥有创作、分享、成长的专属空间，在全球范围内为每一个加入的孩子树立正能量，让孩子们有一个自我思考、自我探索、自我修正、自我激励的家园，共同成为社会价值的创造者和守护者。

附：范小蠹

2017 年 8 月 8 日

在我们的文化环境里，在我们逆袭的过程中，真正去坚持做一件有价值的事情特别艰难。对于华誓控股来讲，我们在价值观的驱动模型中动了两个最难啃的骨头，一是父母心，另一个就是范小蠹，这两个硬骨头毫无疑问地考验着我们的终极价值以及职业素养，因为我们已经捅到了最为本源的东西，我们已经彻底捅到了我们根本无法回避的内容。

对于父母心而言，一直是我们践行的核心和标准，也是我们一直在系统内需要打造的内容。对于父母心的上行下效，我们一直在强调传承的问题，这个问题不仅仅是自己家属的问题。因为关于传承的问题关乎未来，一个时刻关乎未来的人一定能做好当下的工作。对于范小蠹而言，能走到今天很不容易，能把最基本的内容践行下来一定不容易，因为这里面的内容主要由孩子承载，主要由孩子来构成范小蠹的核心世界。

范小蠹做过很多内容，也做过很多活动，但是一直在今天才挂牌，真正从组织成长的角度开始规范，真正从集体成长的角度去考虑。我们在过去也想做这件事情，一方面由于公司的事情太多，另一方面由于当时的办公环境也不是很允许。在今天的条件下，我们应该让范小蠢从个体化走向集体化、组织化、平台化，但是我知道这很艰难。

图 6-1　范小蠢书院年会颁奖仪式

与其望子成龙，不如先让自己成龙

如果我们自身不能重塑成功，范小蠢的有质量传承显然是一句空话。因此，今天的范小蠢书院的成立事实上告诉我们所有人，我们的面前摆上了最为真实的标尺，我们的成长过程中有了最根本的考验，这也可以称之为世界上最为严禁、最为残酷、最为戏剧性的 KPI。

无论我们承认与否，孩子们的成长质量在时刻拷问着我们的内心，在时刻颠覆着我们在这个世界上的存在感，在重塑着我们对生活乃至生命终极意义的理解。无论我们能否真正理解，我们的范小蠡终究还是来了，更多的内容也一定会如期到来。

站在今天的时间点，我们再回头看大的时间节点和事件，我们可以清晰地感知到，一切都在按照计划推进，并且速度越来越快。我们对这个集体的系统性成长越来越高，我们对组织进化的速度要求越来越高，我们对倒逼机制规划越来越细致。

孩子就是你真实的模样

"龙生龙，凤生凤。"虽然有点唯血统论，但你必须相信古人的智慧，很多的谚语及老话都是古人智慧的结晶，它们是古人经过几百年几千年的实践得出的结论，相当于在漫长的历史长河中做了无数实验得出的结论，是在无数的样本中总结出来的，不一定百分百正确，但绝对符合大数法则。

生活就是这样，政治家的孩子很大概率还是从政，企业家的孩子很大概率还是从商，工人的孩子很大概率还是工人，农民的孩子很大概率还是农民或者农民工。主流的很大概率还是主流，底层的很大概率还在底层。

这其中要厘清的是社会进步的红利辐射到个人的福祉。现在，很多农家子弟通过上学跳出了农门，在城里安家落户、娶妻生子，摆脱了"面朝黄土背朝天"的命运，但这大部分的功劳要归到社会进步所带给个人的福祉。不仅仅是考上学的，全社会基本生活条件都得到了极大改善。即使进城了，但还是处于社会的底层，终身为了一套房子忙碌。不是我们脱离底层了，只是由于社会的进步、底层的定义变了而已。这个残酷的社会真相，古今中外概莫能外。据齐香君的一篇《明代山西进士群体构成研究》中介绍，山西在明朝一朝中，官宦出身考取进士者占全部进士的48%，这是一个相当高的比例，因为官宦之家占所有家庭的比重本身就小，大约只占0.4%即万分之四，以占总人口的0.4%比例，却考取48%的进士，这是多么可怕的数据，官宦之后继续为官的比例对平民呈现绝对碾压之势。

国外也一样，在美国、日本等发达国家，我们都不需要数据，看看这些国家所谓的政治家族就知道了，美国那些顶级的私立学校，一般人都上不起，都是全球权贵的子孙。

当然了，我们也不要太过悲哀，毕竟不是特定的世袭，平民出身的孩子，虽然占比少，但还是有机会冲破原生家庭的束缚，走向主流。

所以说，孩子是你生命的延续，也极有可能是你生活的延续。

附：父子情，世界情
2017 年 8 月 19 日

这篇文章诉说了我和父亲之间的故事，这里边也有我走过的路，经历过的事，以及我们范小蠡的未来，和我对于父子感情的理解。

父亲带给我的改变

父亲仅仅发过三次火，但就是这几次让我懂得了：自爱，自强，自律。

父亲发过的第一次火是对我和弟弟的，这次他生气让我明白了自律。

事情是这样的：那天我和弟弟抢玩具，抢来抢去惹恼了父亲。声音震耳欲聋，我从来没有见过父亲发火，一看到他这样子就一下子惊呆了。父亲对于我们的爱是从各个角度体现的，有的时候是满足我们，有的时候是对我们严厉地提出要求，这些都是爱，父亲的爱是世界上最伟大的爱。也是因为那次，我和弟弟就懂得了自律，更懂得适可而止，如果不那样的话自己的下场会是意想不到的，我想全天下的父亲也许都想让孩子明白自己的一片苦心。

第二次父亲发火是在新公司，是因为我和弟弟在土坑里玩，弄得整个公司乌烟瘴气，大家开会都没办法了，他发火了就打了我和弟弟，我和弟弟还没有被他打过，于是对父亲感到非常恐惧。这些其实看着是教训我们的动作，其实都是爱我们的方式，父亲的爱是用行动表达的，因为世界上众多的父亲都是家里的顶梁柱，所以孩子提出的要求父亲都会尽量满足。这就是父亲的爱，如果我们不明白，只是一味索取的话，那么我们也许就不会感到幸福。也许，父亲对于我们的爱就体现在和我们相处的每一分每一秒。为什么母亲不让我们向父亲提要求？不是母亲做不到，而是因为母亲怕父亲的爱会让我们沉迷于自己喜爱的事物当中，最后得不到拯救。这次发火让我们明白了什么叫自爱。

我们的身体是父母给的，如果我们不爱惜自己的身体，磕了碰了，就是不尊敬、不爱自己的父母。儿女是父母的心头肉，父母每每教训自己的儿女时内心都在滴血。我们不能再惹父母生气了，因为父母身上的压力是很大的。

第三次父亲发火是在家里，这次他发火是针对我一个人的，因为我的作业不好好完成，马上开学了还有一大堆没有做，所以这就让我明白了要自强，因为自己强大了，别人才不会挑出自己的不足，因为自己已经没有可挑的了。

父亲这三次发火，每一次都给我留下了深刻的印象。这个印象不仅仅是我的感受，还是我对于父亲的理解，父亲对我们的严厉，是因为我的不足，而我的不足也是由我的不自律造成的，想改这个不容易，但是想要把它变成自己的特点更不容易。不自律，可以理解为豪放、放肆，从这个方面可以明白一个人所需的创新力，还有很多缺点都可以变为优点。

父亲走过的路，父亲说过的话

父亲曾经在工作的时候病倒了，进了抢救室，父亲也曾经因为员工的不主动、不作为砸了所有的电脑，为了砸醒我们自己。每一个人都应该想一想自己所拥有的和别人所拥有的有什么不同，也许一个贫穷的家庭，一个孩子获得的是父爱。但是一个富贵的家庭，一个孩子获得的就只能是大把大把的金钱和孤独。但是我们想一想，这些都是来自不同阶层的，一个是爱，一个是钱，如果让我选择的话，我宁愿想要爱。我们想一想，如果我们要了钱，虽然我们想买什么就买什么，但是钱总会用完，到了那时候自己就会后悔，而父爱是永远不会衰竭、永远不会消失的，因为它有着继承者。

父亲为了我们发了火，也为了我能够去美国而东挪西凑，即使是这样，我还是很爱自己的父亲，因为我的父亲不会放弃，他总会找到目标，他总会在绝望的时候涅槃重生。

这就是我的父亲，一个不屈服于命运的人，一个不甘心走自己父亲老路的人，一个想在社会上闯出一片天下，一个不畏惧病魔，只想让自己的父母和自己的妻儿过上好日子的人。我的父亲总有不一样的想法，这个想法总会让我们感到十分的不同，而往往就是父亲这样的想法才让公司有了今天。为什么我的父亲要对自己的孩子那么严厉？我相信所有人懂，每一个父亲都是最明白的，他们想让孩子比自己更优秀。

是啊！现在的社会就是那么残酷，要是我们在一个精英家庭里生活，那么我们以后也就会成为精英，但是如果我们在一个普通家庭里生活，那么基本上就没有出头之日了，因为时代的步伐是远远超乎我们的想象的，这些可能就是我们想要的和我们需要的。

父亲是什么，只是一个养你的人？我认为不是，我的父亲对我来说是我的榜样、我的偶像。为什么这么说呢？因为从以前不爱看书，总爱哭鼻子，干什么事情都不去思考的我变成了现在热爱阅读，十分理智、十分从容地解决每一件事情，不用眼泪来博得别人的同情，这个过程都是由父亲帮助我的。是父亲的自律，每天早上 4:59 就起来打写一篇 1 000 字的文章，这个让我明白了我不能落后父亲，于是从每天早上开始我就打 500 到 600 字的文章，为的是让我和父亲共同进步，为自己的前途打基础。

到了如今，每一周父亲都会让我打一篇 3 000 字的文章，通过不断地练习，我的速度终于上来了，但是因为父亲长期的积累，父亲的书就要出了，我很激动，是因为父亲的努力终于有成果了，也是因为我明白我应该更加努力了。每一次在打写文章的时候，我都会谈到我的父亲，因为我的父亲带给我的帮助实在很大，在生活中，我的父亲是我的榜样；在精神层面，我的父亲是我的偶像；在文章方面，父亲是我的师父。为什么这么说呢？父亲在不同的方面，在不同的空间代表着不同的人物，而我要做的就是成为比父亲更加努力、更加优秀的人，而这个可望而不可即的目标就是在我的进步中一步一步出现的。

范小蠡书院 —— 世界儿童的平台

我曾在前面的文章里提出过范小蠡，其实范小蠡就是父亲为我们孩子们创造的一个平台，在这个平台里我们可以交流，可以互相学习，在学习的过程中我们就可以提升自己了，提升自己有什么用呢？在下面我来解释。

我们每一个人都不是完美的，我们都需要通过自己的进步来完善自己，可能我们提升自己不是很容易，但是只要我们付出了，我们进步了一点点，那也是我们的进步。我们的成功是来源于我们的自律，我们做了多少，别人付出了多少，我们心里要时刻清楚，范小蠡不仅仅是锻炼口语、锻炼手速的，还是磨炼我们的内心的。我们的内心本来都是十分脆弱的，那些心灵十分冷酷的人都是忘掉了感情、都是没有爱的人，这也许就是他们所谓独特的方式。

但是我认为这是错的，一个人没有了爱，没有了感情，也许这些人只能为自己盖上一层保护罩。不让别人轻易进入自己的内心，但是这样自己最后获得的又能是什么呢？即使自己创造了财富，自己有了别人没有的精神，但是这些都有谁来继承呢？

没有人进入自己的内心只会让自己孤独，不会有好处，而我们的胸怀如果包容了普天下所有的东西，自己的内心就不会再空了，自己的内心将会十分地满足。世界上最后成功的人都有十分大的胸怀，这些也可以理解成为走大道。为什么那些走小道的人不会有成功的机会，自己只是最后满足了自己呢？是因为大道是为了普天下众生而走的，而小道是为了自己而修行的，两个从潜意识区别都是不同的，也许我们所要做的只是一步一步地为大道去修行，因为大道会让我们明白自己的缺陷，也会让我们明白自己要做的是什么，是自己为自己而着想，还是为别人着想。

可能我们要做的不仅仅是我们想的那么简单，我们要做的远远不及我们想到的，因为许多的修行都是为自己修行的，都是由自己的基础，由自己一步一步的努力出现的。我们的身上都要披一层铠甲，这一层铠甲就是我们的知识、信念，因为这些信念才会让我们无坚不摧。

每一个人都应该用自己的铠甲挣脱枷锁，因为只要有枷锁在，我们的内心就不会挣脱，不会得到我们想要的自由。

现在的我 11 岁，希望 10 年以后，我能够在文学界有所突破，也希望那时我能明白并且做到为大道修行。

希望十年后的弟弟，能够拥有十八岁的快乐、十八岁的自由。

希望十年后的父亲，能够在商业界能有大成。

希望十年后的范小蠡，能够成为世界上最大的儿童公益平台。

最后，衷心祝愿那些默默无闻的父亲们。

与其望子成龙，不如先让自己成龙

创始人有句话讲得入木三分，"与其望子成龙，不如先让自己成龙；不敢对孩子提要求，就是对自己没要求"。

在生活中，我们很多理念确实要改变。就拿"望子成龙"来说，这个愿望没问题，但很多家长的做法却不敢恭维。

我们自己一年看不了一本书，却逼着孩子要养成阅读的习惯；

我们自己对着手机心不在焉地胡乱翻看着，却要求孩子要专注认真地写作业；

我们自己在单位得过且过不上进，却要求孩子成绩第一；

我们自己家里不打扫，东西乱七八糟堆放，却要求孩子书包要整理；

……

所以说，孩子就是你真实的模样，孩子存在什么问题要先从自己身上找原因。想让孩子养成什么好习惯，要先问自己有什么好习惯；想让孩子成为好学生，你在单位要首先成为一个优秀员工或者领导。

自己成为一个优秀的人，孩子才能最大概率地成为一个优秀的人。通过让自己优秀起来，才能够在孩子的性格底层注入优秀的基因。

范小蠡书院的建立，对所有世界绞谷的人而言，无形中形成了一种倒逼机制，逼着大家赶紧完善和提升自己，赶紧为孩子做榜样。

俗话说："前三十年看父敬子，后三十年看子敬父。"要想在社会上获得尊严和尊重，不论是父与子都要付出极大的努力。孩子接受怎么样的教育很大程度上取决于父母，父母度过怎样的晚年很大程度上却取决于孩子。

一场修行

　　人生就是一场修行，寂灭法师如是说。

　　前不久，因润郎推介，我和师傅专程到了湖北省阳新县三兴禅寺，拜访即将闭关的寂灭法师。寂灭法师在 2010 年闭关的三年中，每日刺血调墨、滴血抄经，先后抄写《乾隆大藏经》3 100 米，约 8 000 万字。寂灭法师已于 2017 年 10 月 2 日再次入关，进行为期十二年的闭关修行。在十二年闭关期间，寂灭法师每天抽取自身鲜血 3.2 毫升，十二年共计抽血 30 斤，用来书写 8 000 米、约 3 000 万字的《中华大藏经》。以此来弘扬佛法，支持中国传统文化的全面复兴，全面奠基中国传统文化在全世界的核心位置。

　　寂灭法师出家时，就是我现在这个年龄三十九岁。我们专程去拜访寂灭法师，由于好奇，也出于敬仰，我们很难相信人间还有如此信仰的人，还有如此进行修行的人。寂灭法师讲到，很多人认为出家是一件苦差事，他倒认为不要把出家想得那么复杂和消极，这只是人生的一种修行方式而已。事实

上，我去见寂灭法师是处于极度疲惫之下的一种放松、一种探索。我是希望自己能摆脱这种极度疲惫的状态，毕竟创业是一场马拉松工程。

按照寂灭法师所言，出家是一种修行，我们做企业的何尝不是一场修行？我们仅仅是不在一条赛道而已，我们都是在寻找人生价值最大化的路径，都是在不断进行自己心智模式的完善与提升。仔细想来，我们这几年确实在不断进行蜕变。

在我们自我重塑的基础上，我们构建了华誓控股、世界绞谷的企业生态，在更大的范围内开始践行对主流的探索，并在今天稍具雏形，形成了以核心价值观为核心驱动力的企业模型。这里面包含了两个大的过程，首先是从自身到家庭的重塑，接着是从家庭到企业的重塑。我们也切实地践行了主流的一些理念、原则与精神，否则我们不可能在这么短的时间就达成这么多的主流合作，不能在如此的市场环境下完成突围。

这本书的登场就是我们在过去四年对主流企业探索的一个阶段性成果，就是我们整个团队在过去四年本质性成长的结晶。之所以在这个时间点，要系统整理出版《敬畏当道》，就是想对我们过去四年的成长有一个系统性的盘点，就是要在下一个五年到来之际，形成主流企业的基本模型。过去四年里，我们所面临的艰难、探索在书中已经有很多描述。但是我想强调的是，假如我们过去四年仅仅从销售角度入手，今天能怎么样呢？假如过去四年朝九晚五，我们能怎么样呢？假如我们过去真的宽恕了自己，我们能怎么样呢？

师傅说，人生有两条路，出家的路和回家的路，我们就选择回家的路。

我们衷心感谢过去四年所有的参与者、付出者、担当者，正是这一份份不同阶段的坚持、理解与包容，才成就了我们今天的企业雏形。我们衷心感谢所有家属无悔的支持与理解，正是由于这些理解，我们才度过一个又一个难关，因为我们从未付出过这么多。

在这本书面世前后，我们感谢所有台前幕后的人，感谢所有给予我们帮助和支持的人，感谢大家无私、中肯的建议，感谢大家对一份主流事业的热血，感谢所有人在过去四年里给予我们的温暖和鼓励，感谢大家一如既往地支持。

我们深知，从这本书的面世开始，我们的人生才正式踏上战车，我们再也没有退路，我们只能更加勇往直前。因为我们时刻处于更多人的鼓励和监督之中，我们时刻处于更多家人的期望之中，时刻处于行业乃至社会的监督之中，时刻处于内心对自我的拷问之中。

一路走来，一路走去，一生作为。

欢迎大家到华誓控股做客。

谢谢。

谢大地

世界绞谷创始人

2017 年 9 月 10 日